원서발췌
성과 성격

## 고전 명작을 읽는 가장 쉬운 길,
## '지식을만드는지식 원서발췌'

축약, 해설, 리라이팅이 아닙니다. 원전의 핵심 내용을 문장 그대로 가져옵니다. 작품의 오리지낼리티를 가감 없이 느낄 수 있습니다.
두껍고 읽기 어려워 책장을 덮어 버리곤 했던 고전을 발췌합니다. 해당 작품을 연구한 전문가가 작품의 정수를 가려 뽑아냅니다. 핵심만 읽기 때문에 더 빠르게 더 많은 고전을 읽을 수 있습니다. 제외된 부분은 중간중간 친절하게 요약 설명합니다. 풍부한 해설과 주석으로 전체 내용을 파악하는 데 무리가 없습니다. 정확한 번역, 적절한 윤문으로 10대에서 80대까지 누구나 쉽게 읽을 수 있습니다. 콤팩트한 사이즈와 분량이므로 간편하게 휴대할 수 있습니다. 수천 쪽의 고전을 발췌된 내용으로 읽고도 전체 의미를 파악할 수 있는 것이 지식을만드는지식 원서발췌의 매직입니다. 발췌율은 표지에 표시하고 발췌 방법은 일러두기에 상세히 밝힙니다.
고전 독자를 발췌 읽기에서 완역 읽기로, 더 나아가 원전 읽기로 안내합니다. 바쁜 현대인들에게 새로운 고전읽기 방법을 제시합니다.

# 원서발췌
# 성과 성격

Geschlecht und Charakter

오토 바이닝거(Otto Weininger) 지음
임우영 옮김

대한민국, 서울, 지식을만드는지식, 2026

## 편집자 일러두기

- 이 책은 《Geschlecht und Charakter》(Gustav Kiepenheuer Verlag / Wilhlem Braumüller Verlag, 1932)을 저본으로 삼아 번역했습니다.
- 이 책은 원전의 28%를 발췌한 것입니다. 이 책과 함께 원전을 모두 옮긴 '지식을만드는지식 사상선집' 《성과 성격》도 동시에 출간되었습니다. 핵심 내용을 빠르고 간편하게 읽고 싶을 때는 이 책을, 전체 내용을 심오하게 읽고 싶을 때는 '지식을만드는지식 사상선집'을 찾아 읽으면 됩니다.
- 본문의 소제목은 원전의 차례에 나와 있는 소제목을 바탕으로 옮긴이가 내용에 맞게 붙인 것입니다.
- 옮긴이가 단 주석은 '옮긴이 주'로 표시했습니다.
- (…)는 발췌를 위해 생략한 부분입니다.
- 괄호가 중복될 때, 옮긴이가 삽입한 문구가 있을 때는 [ ]로 표시했습니다.
- 외래어 표기는 현행 한글어문규정의 외래어표기법을 따랐습니다.
- 지식을만드는지식에서 완역본이 함께 출간되어 있습니다.
- 이 책은 2012년 3월 9일 '천줄읽기' 시리즈로 처음 출간했습니다. 이번에 '원서발췌' 시리즈로 옮겨 출간합니다.

# 차례

# 성과 성격

# 초판 서문

이 책은 남성과 여성의 관계를 완전히 새로운 관점에서 비춰 보려는 시도다. 이 책에서는 가능한 한 많은 특징적인 성격들을 하나하나 열거하거나 지금까지의 학문적 실험 결과들을 종합하려고 하지 않을 것이다. 그 대신에 남성과 여성의 대립적인 모든 것들을 하나의 원칙(Prinzip)에 따라 끌고 가려고 할 것이다. 이런 점에서 이 책은 이런 종류의 다른 책들과 구분된다. 이 책은 이곳저곳에서 한가하게 머무르지 않고 마지막 목적지까지 밀고 나갈 것이다. 관찰에 관찰을 쌓아 가지 않으면서, 남성과 여성의 정신적 차이점들을 하나의 시스템으로 묶을 것이다. 이 시스템은 '여성들'에 적용되는 것이 아니라 '여성'에게 적용된다. 비록 이 책이 가장 일상적이고 가장 피상적인 것을 계속 출발점으로 삼겠지만, 그것은 단지 모든 구체적인 개별 경험들을 해석하기 위해서일 뿐이다. 이 책에서 이렇게 하는 것은 '귀납적 형이상학(induktive Metaphysik)'이 아니라 '단계적인 심리학적 심화'다. (…)

여기서 서술하는 데 사용되는 심리학은 철저히 철학적

이다. 비록 심리학의 독특한 방식이 그 독특한 테마를 통해서만 정당화된다고는 하지만, 가장 통속적인 경험의 양(量)에서 출발하는 수밖에 없다. 철학자는 그러나 형태적으로 예술가와 구분되는 상이한 과제를 안고 있다. 예술가에게서의 상징은 철학자에게는 개념이 된다. 마치 '표현'과 '내용'처럼, 예술과 철학의 관계도 마찬가지다. 예술가가 세계를 빨아들이는 것은 내뱉기 위해서다. 철학자에게 세계가 내뱉어져 있다면 그는 다시 그 세계를 빨아들여야 한다.

모든 이론이 어쩔 수 없이 항상 오만하듯이, 예술 작품 속에서 자연처럼 보이는 그 내용도 여기 철학적 시스템 안에서는 훨씬 차갑고 모욕적으로 보일 수 있다. 철학적인 시스템 안에서 그 내용은 어떤 일반적인 것에 대한 아주 함축적인 주장이고, 기본 공리 밑에 있는 논제로서 증거를 내놓아야 한다. 서술이 반(反)여성적인 부분에서는－그런 경우가 거의 대부분이지만－남성들도 그 서술에 결코 완전히 확신을 가지고 동의하려 하지 않을 것이다. 남성들의 성적 이기주의는 언제나 남성들로 하여금 차라리 그들이 갖고 싶고 사랑하고 싶은 대로 여성을 보도록 만든다.

그렇다면 여성에 대한 나의 판단에 대해 여성들이 하

게 될 대답조차 내가 각오하고 있을 필요가 없단 말인가?

연구의 결말에는 남성과 맞서서, 여성의 권리를 주장하는 여성이 예상하는 것보다 더 깊은 의미에서 남성에게 가장 크고 핵심적인 책임을 물을 것이다. 이런 사실은 필자에게는 별로 소용없는 일이지만, 최종적으로 여성들에게서 필자가 명예를 회복하는 데 도움이 되는 요소이기도 하다. (…)

물론 여성과 여성 문제에 대한 의견이 지금까지 지속되고 있는 어려운 상황 내에서 그러한 높은 목표를 추구한다는 것은 결코 시도해서는 안 될 일인지도 모른다. 그러나 문제는 하나인데, 그것은 존재의 가장 심오한 수수께끼와 모두 연관되어 있다. 이 문제는 하나의 '세계관(Weltanschauung)'을 확실하게 이끌어 감으로써 실제적이고 이론적으로, 도덕적으로나 형이상학적으로 해결될 수 있다.

더 정확하게 말해서 이런 이름에 걸맞은 세계관에서 개별 인식에 방해가 되는 것은 아무것도 없다. 반대로 보다 깊은 진리에 대한 특수한 모든 관점은 그 세계관을 통해 비로소 나오게 된다. 세계관은 그 자체로 생산적이다. 하지만 각 시대마다 경험에 바탕을 둔 학문이 믿고 있는 것과는 다르게, 세계관은 결코 특수한 지식들을 많이 모아서 종합적으로 만들어질 수는 없다.

그것은 이 책에서 보여 주게 될 그러한 전반적인 의견의 싹에 불과하다. 그러나 그 의견은 플라톤과 칸트의 이론, 그리고 기독교 교리와 매우 밀접한 관계를 맺고 있다. 그러나 학문적, 심리-철학적, 논리-윤리적 기초는 대부분 나 스스로 세워야만 했었다. 우선적으로 더 자세하게 설명하는 것이 거의 불가능한 많은 것들에 대해 보다 상세하게 설명할 생각이다. 그럼에도 내가 이 부분을 여기서 특히 강조하는 이유는, 내 책에서 가장 심각하고 가장 일반적인 문제들을 고려하는 것이 여성 문제를 다룰 때 기껏해야 기대할 수 있는 박수보다 내게는 더 중요하기 때문이다. (…)

이 작업은 두 부분으로 나누어진다. 첫 번째 부분은 생물학적이자 심리학적인 부분이고, 두 번째 부분은 심리학적이자 철학적인 부분이다. 여러 사람들은 내가 이 책을 차라리 순수 자연과학책과 순수 철학책 두 권으로 만들었어야 했다고 생각할 수도 있을 것이다. 그러나 내가 심리학자가 되기 위해서는 생물학을 극복해야만 했다. 2부에서는 정신적 문제를 오늘날 자연과학자들이 다루는 것과는 완전히 다르게 다루고 있다. 그래서 많은 수의 독자들에게 1부도 받아들이기 어렵게 만든다는 것도 나는 잘 알고 있다. 동시에 1부도 전체적으로 자연과학적 측면을 고려해서 평가해 주기를 바란다. 그러나 2부는 내적 경험 쪽으로 더 많이 기울어 있어서 그렇게 할 곳은 몇 군데뿐이다. 2부는 비실증주의적인 세계관에 기초를 두고 있기 때문에 여러 사람들로부터 1, 2부 모두 비과학적이라고 여겨지게 될 것이다(비록 실증주의가 바로 그곳에서 반박을 당하게 되더라도 말이다). 이 자리에서 내가 생물학에 걸맞게 기술했다고 확신하고 어느 정도 만족하면서, 비생물학적이고 비심리학적인 심리학에는 영원히 남게 될 정당성을 부여했다고 만족하는 수밖에 없다.

어떤 사안에 대해서 충분한 증명을 거치지 않았다고 사람들이 비난하게 될지도 모른다. 그러나 이런 점이 결코 이 논문의 약점이라고 생각하지 않는다. 이런 분야에 도대체 '증명'이라는 것이 아무런 의미도 없기 때문이다. 이 책에서 다루고 있는 것은 수학도 아니고 인식론(특히 인식론은 이 책의 두 군데서 다루고 있다)도 아니라 바로 경험론적인 일이다. 그것이 어떻게 된 것인지 기껏해야 그 위에 손가락으로 지적만 하면 되는 것이다. 그 외에 여기서 증명이라고 부르는 것은 옛 경험과 새로운 경험을 일치시키는 것에 불과하다. 즉, 새로운 현상이 사람들로부터 실험적으로 만들어진 것이든, 이미 자연의 창조자의 손에서 완성된 것이든 다 같이 유효한 것이다. 후자를 증명하는 것이 이 책에서는 훨씬 많은 부분을 차지하고 있다.

이 책은 어쨌든 내가 평가할 수 있는 한 그 주요 부분을 대충 한 번 읽고 자기 것으로 받아들일 수 있는 그런 책이 아니다. 독자들에게 사전에 인식시키고 나 자신도 보호하기 위해 내가 직접 이 자리에서 이런 상황을 추가적으로 설명하고 있는 것이다.

1부와 2부에서(특히 2부에서) 오래된 것, 이미 오래전에 알려진 것을 가급적이면 반복하지 않고, 앞에서 언급한 것과 일반적으로 인정받은 것이 나타날 때 두 사항이 일치하는 점들을 더 많이 제시하려고 한다.

실질적으로 나를 후원해 주셨던 라우렌츠 뮐너(Laurenz Müllner) 교수님께 심심한 감사를 드리는 바이며, 처음부터 내 작업에 친절하게 관심을 보여 주신 프리드리히 요들(Friedrich Jodl) 교수님에게도 감사를 드린다. 특히 이 책의 교정을 도와준 친구들에게도 감사의 말을 꼭 전하고 싶다.

# 1부 (준비 부분)
# 성적 다양성

# 들어가는 말

(…) **인류의 가장 오래된 개념에 속하는 것이 두 가지 있다. 이 두 개념으로 인류는 처음부터 필요에 의해 정신적 삶을 이어 왔다.** 물론 사람들은 자주 조금씩 수정을 해 왔고, 그것을 계속해서 수리점에 보내, 어쩔 수 없이 머리와 사지에 개선이 필요한 경우에는 수선을 해 왔다. 어떨 땐 잘라 내고 늘이기도 하고 특별한 경우에는 줄이기도 했다. 그러다 다시 확대시키기도 했는데, 이것은 마치 나중에 생긴 필요성이 옛날의 협소한 선거법을 점차로 뛰어넘는 경우, 옛 선거법을 이 끈에서 저 끈으로 바꾸어 묶어야만 하는 것과 같은 이치다. 그러나 전체적으로 보면 우리는 이 개념들과 옛날 방식대로 잘 지내 왔다고 생각하고 있다. 내가 말하는 이 개념들은 바로 **남성과 여성**이라는 개념이다.

우리는 마르고, 호리호리하고, 넓적하고, 근육질의, 활력 있는, 천재적인 '여성들'이나, 짧은 머리에 저음의 '여성들', 수염 없고 수다스런 '남성들'에 관해 이야기할 때도 있다. 더군다나 우리는 '여성 같지 않은 여성들', '여장부'가 있다는 것과, '남자 같지 않은', '여자 같은 남성들'이 있다는 것도 인정한다. 더군다나 우리는 각각의 인간이 태어날 때 어느 성에 속할 것인지를 결정하는 하나의 특성만 고려해서, 맞지도 않는 특성까지 그 개념에 추가해 넣으려고 한다. 그러한 상태는 이론적으로 근거가 없다. (…)

여성 문제를 놓고 논쟁하면서 사람들은 여러 번 해부학자들을 심판대로 불렀는데, 남성적 성향과 여성적 성향 중에서 후천적으로 얻은 특성과 타고났기 때문에 영원불변한 성격 사이의 한계를 지어 달라고 부탁하기 위해서였다. (…) 그러나 심사숙고를 해 본 해부학자들은 예외가 없는 그 기준들에 대한 물음과, 그런 경우에는 각각 뇌에 해당되는지 아니면 신체의 어떤 기관에 해당되는지의 질문을 받고, 모든 남성들과 모든 여성들 사이의 일반적인 성적 차이는 증명할 수 없다고 대답했다. 아마도 다수 남성의 손뼈가 다수 여성의 것과 조금 다를 수는 있지만, 확실한 것은 골격으로 만들어진 구성 요소를 보거나, 아니면 근육과 힘줄, 건(腱), 피부, 혈액, 신경으로 보존되는 (독립된) 구성 요소를 보아도 남성과 여성을 확실하게 규정지을 수 없다고 했다. 흉부나 두개골에 대해서도 이와 같은 것이 완전하게 적용된다고도 했다. 그러나 뼈대 부분은 어떤가? 뼈대는 어딘가 차이가 분명히 있어야만 하지 않을까? 골반은 어떠한가? 골반은 일반적인 확신에 따르면 출산의 경우에만 적용되고 다른 경우에는 적용되지 않는다. 그러나 골반을 결코 척도로 내세울 수는 없다. 길거리에서 누구나 알 수 있듯이—그런데 해부학자들은 전혀 모르지만—남자처럼 호리호리한 골반을 가진 '여성들'과 여성처럼 넓은 골반을 가진 '남성들'도 충분히 많다. 그렇다면 남성과 여성을 구분 지을 것이 하나도 없단 말인가? 그렇다면 남성과 여성을 더 이상 구분할 수 없는 상황에 처하게 되어 버린 것인가?!

이런 물음에 우리는 어떻게 도움을 얻을 수 있을까? 오래된 것은 충분하지 못해도, 그것 없이는 분명히 아무것도 할 수 없다. 옛날부터 내려오는 개념들이 불충분하면 우리가 새롭게 더 잘 깨닫기 위해서는 그 개념들을 포기할 수밖에 없다.

# 1장
# '남성들'과 '여성들'

대부분의 생명체를 가장 일반적으로 구분하면서 대충 수컷과 암컷, 남성과 여성으로 표시하는 것만으로는 더 이상 사실을 제대로 반영하지 못한다. 이 개념이 불충분하다는 사실을 많은 사람들도 어느 정도 느끼고 있다. 이 문제를 해결하는 것이 바로 이 작업의 목표다.

## 차이가 없는 태아

나는 (…) 관찰의 출발점으로 태아발육사[또는 태생학(胎生學)]에서 정립된 **인간이나 식물과 동물의 초기 태아 상태에서의 성적 무차이성**을 선택하겠다. 예를 들어 5주 이내에 있는 태아의 성별은 감별할 수가 없다. 성적 구분은 그 후에 진행된다. 태아는 5주째 들어서면 이 과정이 시작되는데, 임신 후 3개월이 지난 시기에, 처음에는 두 개의 성이 똑같았던 생식기가 각자 발달하기 시작해서 성적으로 정확하게 정의를 내릴 수 있는 완전한 개체로 형성되기 시작한다.[1] (…)

## 성인에게서의 퇴화 흔적

각각의 성(性), 또한 그 최고 기관이 그런 양성(兩性) 상태를 유지하는 것은 식물, 동물, 인간이 하나의 성을 지닌 개체로 발달했을 때, 예외 없이 그 상태를 유지하면서도 다른 성의 성격을 완전히 상실함으로써 느끼는 부족감과 밀접한 관련이 있다. 양성의 구분은 그러니까 완전한 구분이 아닌 것이다. **모든 남성적 특징들은 비록 약하게 발달했어도 어쨌든 여성에게서 증명해 낼 수 있다. 여성 특유의 성격들도 비록 남성으로 형성되면서 발달하지 못한 채 머물러 있다고는 해도 남성에게 어떤 식으로든 모두 존재한다.** 사람들은 그것을 '퇴화된 채' 존재한다고 말한다. 그렇다면 우리가 가장 관심이 있는, 바로 인간을 예로 들어 보자. 가장 여성적인 여자도 남자의 수염에 해당하는, '태아의 솜털(Lanugo)'이라고 부르는, 염색하지 않은 양모처럼 생긴 가는 솜털이 있다. 또한 가장 남성적인 남자도 발달하

1) 필요에 의해 우리가 지속적으로 이용하게 될 이 관점에 따르면, 비록 해부학적, 형태학적으로 불확실하고 현미경을 최대한 확대해서 봐도 구분하기 어렵다고는 하지만, 어쨌든 성적 구분이 물론 최초 성적 구분 시기 이전에 이미 형성되어 있어야만 했다. 그러나 '어떻게'라는 문제는 모든 태아발달사에서 커다란 의문이다.

는 과정에서 젖꼭지 안에 남겨진 복잡한 유선(乳腺) 기관이 그대로 있다. (…) 각 성에는 다른 성의 모든 기관들이 퇴화된 상태로 빠짐없이 나란히 존재한다는 사실을 증명할 수 있다.

### 자웅이체의 정도

태생학 학자들의 이런 단정은 다른 의견들을 참조해 체계적인 연관성을 만들어 낼 수 있다. 해켈(Häckel)에 따라 성별을 '**동물의 자웅이체**(雌雄異體, Gonochorismus)'로 구분해서 우선 동식물을 상이한 강(剛), 문(門)과 종(種), 속(屬)으로 나눌 때, 이 이론에서 주장하는 여러 가지 상이한 등급에 따라 구분해야 할 것이다. 식물의 상이한 종뿐만 아니라 동물의 종도 두 번째 성적 특징들(성징)로 인해 많든 적든 간에 잠복기를 거쳐 서로 차이를 나타내게 된다. 암컷과 수컷 차이의 가장 극단적인 경우는, 말하자면 시야를 좀 더 넓혀서 극단적인 자웅이체설에 따르면 성에 따른 **동종이형**(同種二形, Dimorphismus)도 있는데, 몇몇 지네 종들에 나타나는 특성이다. 방금 말한 이 종들에 속하는 암컷과 수컷은, 두 가지의 상이한 과(科)와 속(屬)에 속하는 경우보다 외형적으로 서로 확실하게 구분되는 경우를 적지 않게 볼 수 있다. 척추동물의 경우 이 이론에 따르면 갑각류나 곤충을 제외하고는 결코 그렇게 두드러진 자웅이체 현상이 나타나지 않는다. 척추동물의 경우는, 동종이형에서 나타나는 것과는 다르게, 암컷과 수컷의 완전한 구분은 존재하지 않는다. 오히려 양성이 혼합된 형태를 어디서나 쉽게 볼 수 있는데 소위 '비정상적인 자웅동체(雌雄同體, Hermaphroditismus)'까지 있다. 이런 현상이 오로지 양성동체 족에 속하는 어류인 경우에 나타나면 '정상적인 자웅동체'가 된다.

우리가 처음부터 받아들일 수 있는 것은, 극단적인 수컷의 경우에도 최소한의 암컷 흔적이 남아 있을 뿐 아니라, 반대로 극단적인 여성의 경우에도 아주 퇴화된 수컷의 흔적이 남아 있다는 것이다. (…)

## 성적 중간 형태의 원칙

그러나 인간에 대해서는 분명히 다음의 사실이 적용된다. 남성과 여성 사이에는 무수히 많은 등급이 있다는 것이다. 바로 '**성적 중간 형태들**(sexuelle Zwischenformen)'이다. 물리학에서 '이상적인 기체'를 말할 때 보일(Boyle)-게이뤼삭(Gay-Lussac)의 법칙을 정확하게 따르듯이(실제로는 아무것도 그 법칙을 따르지 않지만), 이 법칙에 따라 출발하면 구체적인 경우에 이 법칙에서 벗어나는 것을 확인할 수 있다. 따라서 우리는 **성별 유형(sexuelle Typen)으로서 이상적인 남성을 M으로, 그리고 현실적으로 존재하지 않는 이상적인 여성을 W로 세워 볼 수 있다. 이 유형들을 만들 수 있을 뿐만 아니라 만들어야 한다. '예술의 대상'뿐만 아니라 '학문의 대상'도 '플라톤적 이념'인 전형(Typus)이다.** 완벽하게 뻣뻣한 육체의 운동과 완벽하게 유연한 육체의 운동을 물리학자가 과학적으로 연구해 본다고 해도, 현실적으로는 그 두 사실을 확인시켜 줄 만한 육체가 존재하지 않는다는 사실도 잘 알고 있다. 이 두 육체 사이를 연결해서 경험적으로 얻어진 것이 이 두 육체의 전형적인 운동 방식을 찾아내는 출발점이 될 것이다. 거꾸로 '이론'에서 '실제'로 돌아올 때는 여러 가지 '혼합형'을 다루게 된다. 완벽한 남성과 완벽한 여성 사이에는 오직 연결 가능한 단계만이 존재한다. 즉, 겉모습만으로는 결코 알 수 없는 두 타입에 대한 접근만이 가능한 것이다.

여기서는 '**양성적 성향**(bisexuelle Anlage)'만을 다루는 것이 아니라, 종종 반복적으로 나타나는 자웅동체에 대해서도 이야기하고 있다는 사실에 주목할 필요가 있다. 그러나 성적 중간 단계들인 (육체적 혹은 심리적) 자웅동체만을 말하려는 것은 아니다. 그런데 명백한 근거에서, 오늘날까지 이와 유사한 모든 조사들은 이 자웅동체에만 국한되어 있다. 그러니까 이런 형태 안에서 우리는 완전히 새로운 생각을 해낼 수 있는 것이다. 오늘날까지 사람들은 '**성적 중간 단계**(sexuelle Zwischenstufen)'를 단지 '성적으로 가운데 있는 단계(sexuelle Mittelstufen)'로 표시한다. 수학적으로 말하면 마치 그곳이 누적 빈도수가 높은 곳인 듯이 말이다. 두 개의 극단적인 것을 연결해 주는 선 위에 어디나 **똑같이** 촘촘하게 박혀 있는 것이 아니라 그 가운데 부분에 **더 많이** 박혀 있는 것처럼 말이다!

### M과 W

말하자면 남성과 여성은 두 실체가 상이하게 혼합되어 살아 있는 개체에 분산되어 있는 것과 같다. 그러나 한 개체의 변수가 다른 개체의 변수를 제로로 만들지는 않는다. 경험에 비추어 남성이나 여성이 존재하는 것이 아니라, '남성적으로'와 '여성적으로' 존재할 뿐이라고 말할 수 있다. 한 개체 A나 다른 개체 B를 더 이상 '남성' 또는 '여성'이라고 말해서는 안 된다. 그 대신 두 개체가 가지고 있는 일부분만을 가지고 각 개체를 다음과 같이 표시할 수 있다.

$$A\begin{cases}\alpha & M\\ a' & W\end{cases} \qquad B\begin{cases}\beta & W\\ \beta' & M\end{cases}$$

이때 항상

$$0 < \alpha < 1, \qquad 0 < \beta < 1$$

$$0 < \alpha' < 1 \qquad 0 < \beta' < 1$$

이런 견해에 필요한 더 정확한 자료들은—가장 일반적인 몇몇 사항은 '들어가는 말'에서 준비 삼아 암시했었다—수없이 많이 있다. 여자 골반이나 여자 같은 가슴을 가졌거나 턱수염이 나지 않거나 약간만 나는 남성들, 특히 허리가 가늘거나 지나치게 긴 머리카락을 한 남성들을 모두 상기하면 될 것이다. 또한 가는 둔부와 납작한 가슴, 등이나 허벅지 살이 별로 없거나 매끄럽지 못한 저음의 목소리, 그리고 수염이 나는 모든 여성들을 떠올리면 될 것이다(수염이 나는 체질의 여성은 사람들이 일반적으로 생각하는 것보다 훨씬 자주 볼 수 있는데, 수염이 중단되지 않고 계속 자라기 때문이다. 많은 여성에게서 폐경 이후 자라는 수염에 대해서 말하는 것은 아니다). 이런 경우는 더 많이 있지만, 특이하게도 같은 사람에게서 항상 발견되는 이러한 모든 현상들을 의사들이나 해부학자들도 직접 보았기 때문에 익히 잘 알고 있어도, 아직 글로 발표된 경우는 어디에도 없다.

여기서 주장하는 견해들을 뒷받침해 줄 가장 포괄적인 증거 자료는 성적 차이를 나타내는 넓은 오차 범위를 가진 숫자들에서 볼 수 있다. 이 오차 범위는 이를 측정하기 위한 인류학적 또는 해부학적 다양한 개별 작업에서 예외 없이 발견할 수 있다. 문제는 '여성적 성'에 속하는 숫자들이 '남성적 성'이 끝나는 숫자에서 시작하는 것이 아니라, 언제나 그 가운데에 남성과 여성이 나타나는 어떤 영역이 있다는 사실이다. (…)

# 2장
# 남성 원형질(Arrhenoplasma)과 여성 원형질(Thelyplasma)

## 성의 위치 – 스텐스트루프의 견해

(…) 남성적인 것과 여성적인 것에 대한 다양한 수준의 학설은 지금까지 순전히 해부학적으로만 발전해 왔다. 해부학은 그러나 남성적인 것과 여성적인 것을 포함하고 있는 형태뿐만 아니라 장소에 대해서도 의문을 제기한다. 성적인 것이 짝짓기의 수단이나 생식선(生殖腺)에만 한정된 것이 아니라는 사실은 이미 성적 차이의 예로 언급한 신체 부위로부터 유추할 수 있었다. 그러나 이제 어디에서 경계를 지을 수 있는가? 성은 단순히 '1차적 성적 특징'과 '2차적 성적 특징'으로만 제한되어 있는가? 다른 말로 하면 어디에 성이 숨어 있고, 어디에는 숨어 있지 않는가? (…)

코펜하겐의 동물학자인 요하네스 야페투스 스텐스트루프(Johannes Japetus Smith Steenstrup)가 '성은 신체 도처에 숨어 있다'고 주장했다. (…)

즉, **신체 기관의 각 세포는 성적으로 특징지어져 있거나 확실한 성적 특징을 갖추고 있다는 것**이다. 성적 '중간 형태'에 대한 우리의 일반적인 원칙에 맞게 여기에다 추가할 것은, **이런 성적 특징은 대단히 상이한 정도를 보일 수도 있다**는 사실이다. 대단히 상이하게 나타나는 성적 특징을 그대로 받아들이면, 아마도 유사 또는 진짜 자웅동체 이론을 우리 시스템에 쉽게 도입할 수 있을지도 모른다(자웅동체는 인간에게는 확실하게 나타나지 않지만 많은 동물에게서 나타나는데, 스텐스트루프 시대 이후 모든 의문점에 대해서 연구되었다). 스텐스트루프는 이렇게 말했다. "한 동물의 성이 정말 생식기관에만 있다면, 한 동물에 두 개의 성이 모여서 두 개의 생식기관이 서로 나란히 있는 것을 생각해 볼 수 있을 것이다. 그러나 성이란 주어진 장소에 그것이 있느냐 또는 주어진 기관을 통해 나타나느냐 하는 문제가 아니다. 성은 개체 전체에 영향을 미치고 바로 그 지점에서부터 발달하는 것이다. 수컷 피조물의 각 부분에는 아주 작은 부분이라도 수컷의 특징이 있고, 그 부분은 암컷 피조물에 상응하는 부분과 비슷하다. 이 암컷의 매우 작은 부분이라도 마찬가지로 암컷의 특성만을 갖고 있다. 한 피조물 안에 두 개의 생식기관이 합쳐져 있기 때문에 우선 이 피조물은 두 개의 성을 갖게 될 것이다. 그래서 두 성의 특성들이 몸 전체를 지배하게 되고, 각각의 개별 지점에서 각 성의 특징들이 나타날 수 있을 것이다. 그러나 그러한 피조물은 두 성이 대립되어 있기 때문에, 두 성 중에 한 성이 없어지거나 모든 성적 특징이 사라져 버리는 식으로만 나타날 수 있다." 그러나 우리가 경험한 모든 사실들에 따라 M과 W 사이의 무수히 많은 '성적 과도기 단계' 원칙을 생체기관 내의 모든 세포로 확장한다면, 스텐스트루프가 봉착한 어려운 상황에 빠지게 된다. 그리고 자웅동체는 자연의 법칙을 거스르는 것이 결코 아니다. 완전히 남성적인 특성에서 출발해서 그 중간 단계를 거쳐 그 남성적인 특성이 완전히 결여된 상태에 이르기까지, 다시 말해 절대적으로 여성적인 특징만 존재하는 상태까지 우리는 각각의 개별 세포에 들어 있는 수없이 많은 상이한 성적 특징들을 생각해 볼 수 있다. (…)

### 성적 특징들

육안으로 분명히 구분되는 성적 특징들의 상이한 정도에 따라 성적 특징들을 대입할 수 있다. 그 배열은 다른 성에 대해 흥분 작용을 일으키는 강도와 대체로 일치한다(최소한 동물의 왕국에서는 그렇다). 큰 혼란을 피하면서 대체로 받아들여지고 있는 존 헌터(John Hunter)의 명명법에서 크게 벗어나지 않기 위해서, 가장 원초적인 성적 특징으로 수컷의 생식선[고환(Testis), 부고환(Epididymis)]과 암컷의 생식선[난소(Ovarium), 부난소(Epoophoron)]을 언급하고 싶다. 1차 성적 특징으로 생식선의 내부 부속 기관들인 정관, 정낭, 나팔관, 자궁을 들 수 있다(암컷 부속 기관들의 특성은 경험에 따르면 남성 부속 기관들의 특성과 가끔 크게 차이가 나는 경우도 있다). 외부의 성적 기관들은 사람의 경우 출생할 때 성별이 확실하게 구분됨으로써 어느 정도 자신의 운명이 결정된다(보이게 될 모습은 종종 다를 때도 있다). 1차 성적 특징들은 모두 공통적으로 짝짓기 목적에 직접적으로 필요한 것은 아니다. 우선 가장 분명하게 2차 성적 특징들로 경계를 지을 수 있는 것은 성적으로 성숙한 시기에 와서야 비로소 외적으로 눈에 띄게 나타나는 것들, 그리고 신뢰할 수 있는 연구에 따르면, 생식선으로부터 어떤 특정 성분이 혈관으로 '내분비'되지 않으면 발달할 수 없는 것들이다(남자의 수염과 여성의 머리카락이 자라는 것과 여성의 가슴이 발달하는 것, 목소리가 변하는 것 등등이다).

이론적 근거보다는 실제적인 근거들을 말할 때 가장 이해하기 쉬운 것은, 타고난 특성에 따른 외모나 행동들을 언급하는 것이다. 예를 들어 남성들의 경우는 근육의 힘이나 고집과 같은 3차 성적 특징들이다. 마지막으로 비교적 고의성이 없는 풍습이나 습관적 행동을 근거로, 남성의 흡연이나 음주, 여성의 수공예 같은 부수적인 4차 성적 특징들을 추가할 수 있다. 가끔 이런 것들이 상대를 자극하는 영향력으로 작용하는 경우도 없지 않다. 그래서 이런 사실들은 생각보다 훨씬 많아, 4차 성적 특징들을 3차 성적 특징 탓으로 돌릴 수 있으며, 때때로 1차 성적 특징과도 깊은 관련이 있을 가능성을 암시해 준다. (…)

### 내분비

'2차 성적 특징'의 원인으로 주로 혈액순환기관 내의 배종질[胚種質, 또는 생식선(生殖腺)]의 내분비를 들 수 있겠다. 거세를 해서 인위적으로 생산을 억제하는 것같이, 이런 영향력이 특히 2차 성적 특징의 발달과 중단에 미치는 작용에 대해 사람들은 연구했다. 그 결과 '내분비'는 의심할 여지 없이 신체 모든 세포에 영향을 미치고 있었다. 이 사실은 사춘기에 2차 성적 특징을 나타내 주는 일부분에서만 변화가 일어나는 것이 아니라, 전체 신체 기관에서 변화가 일어난다는 것을 증명해 준다. 따라서 모든 생식선의 내분비는 모든 조직에 균등하게 퍼진다고 이해해도 좋다.

**그렇기 때문에 생식선의 내분비는 우선적으로 개체의 성적 특징을 완전하게 갖춰 준다. 이에 따라 각 세포 안에 독자적인 성적 특징이 들어 있다고 가정할 수 있지만, 질적으로 확실하게 완성된 남성(Maskulinum)과 여성(Femininum)으로 나타나게 하기 위해서는 그 특성에 생식선의 내분비가 보충적인 조건으로 어느 정도 덧붙어야 한다.**

생식선은 개체의 특성을 가장 분명하게 드러내 주는 기관이며, 그 기관의 형태 원소 단위는 그 개체의 특성을 가장 쉽게 증명해 줄 수 있다. 이와 마찬가지로 받아들여야만 하는 사실은, 한 유기체가 가진 속(屬), 종(種), 족(族)의 특성들이 생식선 안에 가장 완전한 숫자로 나타나 있다는 것이다. 한편 스텐스트루프가 "성은 신체에 골고루 퍼져 있으며 어느 특정 성적 부위에 위치해 있지 않다"고 옳게 주장했듯이, (…) 많은 세포를 가진 유기물의 각 세포는 그 종의 전체 특성을 모두 갖고 있으며, 이 특성들은 생식세포 안에 특이하게 나타나는 방식으로 뭉쳐 있는 듯이 보인다는 것이다. (…)

### 남성 원형질과 여성 원형질

앞에서 언급한 학자들은 임의의 부분들이 재생되는 것을 수없이 경험하고 또한 서로 다른 종들의 동일한 조직

내에서도 화학적 차이가 있음을 알아내는 등, 그동안 축적된 많은 현상들을 근거로 더 이상 번식에는 사용될 수 없는 다세포 하등동물의 각 세포 속에서조차 독특한 종의 특성 전체를 담고 있는 '유전질(Idioplasma)'이 존재한다는 사실을 추론할 수 있었다. 이처럼 여기서도 '남성 원형질(Arrhenoplasma)'과 '여성 원형질(Thelyplasma)'의 개념을 만들 수 있고 또 만들어야 한다. 두 가지 개념 안에 성적으로 다른 개체의 각 유전질이 나타날 수 있어야 하고, 이 책의 기본 관점에 따라 오로지 '이상적 경우'와 '경계'로서의 개념이어야 한다. 그 경계 사이에 경험적 현실이 들어 있다. 따라서 실제로 존재하는 '정형 원형질'이 문제가 되는데, 이상적인 남성 원형질에서 점점 멀어지면서 (실제의 또는 가상의) '무반응점(Indifferenzpunkt)'을 거쳐(=진정한 자웅동체), 하나의 정형 원형질로 넘어간다. 이 원형질은 이미 여성 원형질 가까이에 놓이게 되는데, 이것은 남성 원형질과 차별되는 점까지 다가가기 위해서다. 이런 사실은 이미 언급한 것에서 이끌어 낸 일관된 결론일 따름이다. (…)

유기체의 모든 개별 기관과 개별 세포들이 남성 원형질이나 여성 원형질 사이에 있게 될 하나의 성적 특징을 지니고 있다는 사실이나, 각 원소가 원래 특정한 방법이나 일정한 정도로 성적으로 특징지어져 있다는 사실은, 동일한 유기체 안에서조차 여러 세포들이 같거나 같지 않을 정도의 성적 특징을 항상 가지고 있는 경우도 매우 많다는 사실에서 쉽게 증명해 낼 수 있다. 말하자면, 한 신체의 모든 세포 안에는 무조건 같은 함량의 M과 W가 들어 있어 남성 원형질이나 여성 원형질에 똑같이 가까워지려 하고 있으며, 같은 신체의 세포들은 M과 W라는 두 극 사이에 있는 '무반응점'의 서로 다른 쪽에 머물 수 있다는 사실이다. 우리가 '남성성(Maskulität)'과 '여성성(Muliebrität)'이라고 길게 표기하는 대신에 서로 다른 표시를 선택해서 어떤 심각한 나쁜 의도 없이 남성적인 것은 긍정적인 표시를, 여성적인 것은 부정적인 표시를 한다면, 바로 앞에서 한 말을 다음과 같이 다른 식으로 표현하게 된다. 즉, 앞서 언급한 유기체의 각 세포에는 서로 다른 세포가 갖고 있는 '성적 특징'이 절대적 크기로 서로 상이하게 존재할 뿐만 아니라, 서로 다른 표시를 갖고 있을 수 있다고 말이다. 상당히 남성적 특징을 갖고 있지만 수염이 아주 적고 허약한 근육을 가진 남성이 있고, 거의 대표적인 여성이지만 가슴이 작은 경우도 있다. 반면에 수염이 많지만 정말 여성다운 남성들도 있고, '비정상적으로' 짧은 머리에 수염이 분명하게 눈에 띄지만 가슴이 크고 골반이 넓은 여성들도 있다. 나는 여성 같은 허벅지와 남성 같은 장딴지를 가졌거나, 오른쪽은 여성 엉덩이를, 왼쪽은 남성 엉덩이를 가진 사람들도 알고 있다. (…)

### 성적 중간 형태의 원인

원래의 성적 특징이 서로 다른 정도의 차이를 보인다는 사실과 더불어, 개별 개체에서 질적이고 양적인 변화를 거듭하는 내분비는 성적 중간 형태가 나타나는 **조건**이 된다. (…)

지금까지의 논증들이 옳다는 전제 아래 유형 M과 W 사이의 모든 신체 기관의 구성과 기능의 차이점들을 해부학적, 병리학적, 조직학적, 조직화학적으로 조사하는 것이 꼭 필요하다. 뿐만 아니라 남성 원형질과 여성 원형질이 상이한 조직과 기관 내에서 특히 어떻게 구분되는지를 밝혀내야 한다. 그 점에 대해 우리가 지금까지 알고 있는 평균 지식으로는 최근 통계학자들을 전혀 만족시키지 못한다. 그런 지식은 학문적 가치가 거의 없다. 예를 들어 뇌에서의 성적 차이에 대한 모든 연구가 그렇게 가치 있는 것을 발굴해 낼 수 없는 원인은, 사람들이 전형적인 관계들을 조사하는 것이 아니라, 결혼 증명서나 겉으로 보이는 시체의 모습으로 남성과 여성에 대해 말하는 데 만족하거나, 한스(Hans)[2]라는 이름의 모든 남성과 그레테(Grete)[3]라고 불리는 모든 여성을 남성성과 여성성의 완전한 가치를 가진 대표자로 여겼기 때문이다. 비록 사람들이 심리적 자료는 아예 필요 없다고 생각했어도, 대퇴골두(大腿骨頭)나 골반 장골(骨盤腸骨, Spinae iliacae ant. sup.)의 간격 등과 같은, 최소한 남성성과 여성성을 관찰할 수 있는 나머지 신체 부위의 특징과 연관된 몇 가지 사실들은 확인했어야 했다. 왜냐하면 상이한 신체 부위의 성적 특징이 조화를 이루는 것이 개별 신체 기관 사이에 그 특성이 크게 돌출되는 것보다 훨씬 자주 나타나기 때문이다. (…)

2) (옮긴이 주) 가장 흔한 남자 이름.

3) (옮긴이 주) 가장 흔한 여자 이름.

# 3장
# 성적 매력의 법칙들

오래된 개념으로 표현하자면 성을 구별할 수 있는 모든 생명체에는 암컷과 수컷, 즉 남성과 여성 사이에 짝짓기를 위한 매력이 존재한다. 그런데 남성과 여성은 단지 유형에 불과하기 때문에 현실적으로 그 성을 순수하게 대표하는 것을 어디에서도 찾아볼 수 없다. 그래서 우리는 여기서 더 이상 성적 매력이 단순히 남성과 여성을 서로 가까이 다가가게 해 준다고는 말할 수 없을 것이다. 따라서 여기에 나오는 이론은 실제로 성적 영향을 미친다고 완벽하게 증명할 수 있어야만 한다. 만약 그 이론이 지금까지의 이론들보다 더 우월하다고 주장하려면, 성적 영향이 나타나는 영역에 대해서 지금까지의 방법보다 새로운 방법으로 더 잘 설명할 수 있어야 한다. 나는 실제로 어떤 상황에서도 M과 W가 모든 생명체에 퍼져 있다고 생각하고 있고, 단지 한 철학자가 추측했던 잘 알려지지 않은 자연의 법칙, 즉 **성적 매력의 법칙**을 찾아보려고 했다. 그래서 인간을 관찰함으로써 내 작업을 성공리에 마칠 수 있었는데, 바로 이 인간으로부터 출발해 보겠다.

## 성적 '취향'

각 인간은 자기와 다른 성에 대해 어떤 특정한, 오로지 그 인간만의 독특한 '취향'을 가지고 있다. 예를 들어 역사상 유명한 남성이 정말 사랑했던 여성들의 사진을 비교해 보면, 거의 모든 여성들이 대체로 비슷한 모습이라는 것을 항상 발견한다. 외적으로 가장 쉽게 드러나는 것은 그 여인들의 외모(좁은 의미에서 몸매)와 얼굴이다. 그러나 좀 더 자세히 쳐다보면 아주 작은 부분까지－손톱까지－비슷하다는 것이다. 다른 경우에도 거의 마찬가지의 결과가 나온다. 이런 사실은 그 남자에게 강한 매력을 느끼게 하는 각 여성이 이전에 그 남자한테 비슷하게 작용했던 어떤 여성에 대한 기억을 당장 불러일으키게 하는 현상이다. 더 나아가서 각자 알고 지내는 사람도 많고 그들의 취향도 알고 있지만, 그 사람이 사귀는 사람을 보고는 "어떻게 그 여자가 그 사람 마음에 드는지 이해할 수가 없어"라는 말이 튀어나오기도 한다. 동물들도 각 개체마다 분명하고도 독특한 취향을 가지고 있다는 확실한 자료들을 다윈(Charles Darwin)이 자신의 저서 《인간의 유래(Abstammung des Menschen)》에 많이 수집했다. 특정한 취향에 대한 이런 사실이 식물에서조차 분명하게 나타난다는 것을 곧 언급하겠다.

성적 매력은 중력처럼 거의 예외 없이 상호적인 매력이다. 그러나 이 중력의 법칙에도 예외가 있듯이, 성적 매력에도 언제나 다른 사람과 다른 요소들이 작용하고 있음을 증명할 수 있다. 이 요소들은 지속적으로 상대적인 '직접적인 취향'에 어떤 결과를 낳게 하며, 이런 직접적인 첫인상이 없어도 소유하고 싶은 마음이 생기는 것을 막을 수는 없다.

우리는 "좋은 사람을 만난다"라거나 두 사람이 "서로 맞지 않는다"는 말을 한다. 이런 말은 다음과 같은 사실들을 어느 정도 예감하게 해 준다. 즉, 각 사람에게는 어떤 특성들이 있으며, 그 특성들은 다른 성을 가진 **어떤** 개체가 자신과 성적 합일을 맺는 데 적합한지에 대해 완전히 무관심하게 나타나지는 않는다는 것이다. 그리고 어떤 '남성'이 다른 한 '남성'을, 아니면 어떤 '여성'이 다른 한 '여성'을 아무런 차이도 없이 대신할 수도 없다는 것이다.

더 나아가 어느 사람이나 자신의 경험으로부터 다른 성의 어떤 사람이 자신에게 직접적인 거부감을 줄 수 있는지, 자신에게 쌀쌀한지, 자신에게 매력적인지, 드디어 (항상 그런 것은 아니더라도) 한 사람이 나타나 그 옆에 있으면 모든 세상이 자신에게 아무런 의미도 없이 사라져 버릴 정도로 그 사람과 하나가 되고 싶게 만드는지를 알고 있다. 그런 사람은 어떤 사람인가? 그런 사람은 어떤 특성을 갖고 있어야 하는가? 정말 각 유형의 남성들에게 어떤 여성이 성적으로 영향을 미치고, 그도 그 여성에게 성적 매력을 느끼게 하는 서로 맞는 유형이 있다면, 최소한 여기에 어떤 법칙이 작용하는 것처럼 보인다. 어떤 종류의 법칙일까? 무슨 법칙일까? (…)

### 첫 번째 공식과 그 의미

내가 '성적 친화력'에 관한 이 법칙을 원래 여러 사실들을 통해 얻을 수 있었지만, 확인해 본 많은 법칙들을 여기서 일일이 열거할 필요는 없을 것 같다. 부탁할 것은 각자가 자신에게 그 법칙을 적용해 보고, 자기 주위의 아는 사람들을 둘러보라는 것이다. 내가 특히 추천하는 것은, 주목해서 기억을 되새겨 볼 때 자신이 그 사람들의 취향을 이해하지 못했거나 그 사람들의 '취향'을 단번에 모두 부정할 때, 그렇지 않으면 반대로 그 사람들 쪽에서 자신을 반대로 생각할 때다. 사람의 외모에 대한 이러한 검사에 필요한 최소한의 지식은 어느 누구나 갖고 있다.

나도 바로 그런 방법으로 지금 설명하려는 법칙을 만

들었기 때문에, 여기서 특히 그 방법을 가장 우선적으로 강조하고 있는 것이다.

그 법칙은 이러하다. "성적 합일을 위해 한 명의 **완전한** 남자(M)와 한 명의 **완전한** 여자(W)는 **비록 각자 개별적으로 서로 다른 상황에서 서로 다른 두 개인으로 나누어져 있어도** 만나려고 노력한다."

다른 말로 표현하면, 일반적으로 그냥 '남성'이라고 부를 수 있는 임의의 개체 μ 속의 남성적 요소를 $m_\mu$, 그리고 여성적인 요소를 $w_\mu$라 하고, 그냥 외견상 바로 '여성'이라고 말할 수 있는 사람 ω에 있는 여성적인 요소를 $w_\omega$, 그리고 남성적 요소를 $m_\omega$라고 하면 다음과 같은 경우에 각각 완전한 친근감을 이룬다. 즉,

$\mathbf{m_\mu + m_\omega}$ = 상수($C_1$) = M = **이상적인 남자에게** … (1a)

그렇기 때문에 동시에

$\mathbf{w_\mu + w_\omega}$ = 상수($C_2$) = W = **이상적인 여자에게** … (1b)

가장 강한 성적 매력을 느낀다.

이 공식을 오해하지 말았으면 한다. 이것은 오직 '성적 관계'만을 나타내는 경우로, 두 공식 모두 이에 적용된다. 그러나 두 번째 공식은 첫 번째 공식에서 직접 도출되며 새로운 것이 아무것도 첨가되지 않는다. 왜냐하면 우리는 각 남성 개체가 남성성이 없는 만큼의 여성적인 요소를 가지고 있다는 것을 전제로 해서 작업하고 있기 때문이다. 만약 그 개체가 완전히 남성적이라면, 완전히 여성적인 반대 균형이 요구될 것이다. 만약 그 개체가 완전히 여성적이라면 완전히 남성적인 것이 요구될 것이다. 그러나 만약 그 개체 속에 일정 부분 비교적 많은 남성적 부분이 있고, 그리고 다른 부분에는 절대 등한시할 수 없는 여성적 부분이 있다면, 그 개체는 남성적인 것을 하나로 완전하게 만들어 줄 한 개인을 보충하려고 들 것이다. 그래서 자신의 여성적인 부분도 마찬가지로 같은 방법으로 완벽하게 하려고 할 것이다. 예를 들어 다음과 같은 개체를 갖게 된다.

$$\mu\begin{cases}\dfrac{3}{4}M\\ \text{그래서}\\ \dfrac{1}{4}W\end{cases}$$

이 법칙에 따라 다음과 같이 정의할 수 있는 개체가 성적으로 가장 잘 보충해 줄 것이다.

$$\omega \begin{cases} \frac{1}{4}M \\ \text{그래서} \\ \frac{3}{4}W \end{cases}$$

사람들은 이 틀 안에서 평소의 생각에 비해 보다 넓게 일반화된 가치를 알 수 있다. 성적 유형으로서 남성과 여성이 성적 매력을 느끼는 것은 단지 특수한 경우에 포함되는데, 상상의 개체 가 마찬가지로 상상의 개체에서 자신의 보충점을 찾는 경우다.

$$X\begin{cases} 1\cdot M \\ 0\cdot W \end{cases} \quad Y\begin{cases} 0\cdot M \\ 1\cdot W \end{cases}$$

일정한 성적 취향을 고백하는 데 어느 누구도 주저하지는 않을 것이다. 그럼으로써 이 취향의 법칙들에 대한 물음과 어떤 존재의 기타 육체적이고 심리적인 특성에 대한 성적 선호도인 기능적 관련성에 대한 물음도 정당성이 인정된다. 여기에 제시된 법칙 그 자체는 처음부터 사실에 부합하지 않는 것이 조금도 없다. 이 법칙은 보통의 경험이나 학문에 입각한 경험에 조금도 어긋나는 것이 없다. 그러나 이 법칙도 원래 '자명한' 것은 분명히 아니다. 이 법칙이 지금까지는 더 이상 전개될 수가 없기 때문에 $m_\mu - m_\omega$ = 상수, 즉 M에서의 부족한 부분은 일정한 크기일 수도 있다는 사실은 생각해 볼 수 있지만, 수치는 아니다. 말하자면 M과 W의 가운데에 있는 가장 남성적인 남성은 자신의 '보충(Komplimente)'에서 멀리 떨어져 있으며, 마찬가지로 가장 여성적인 남성의 경우에도 그 보충으로부터 멀리 떨어져 있다. (…)

여기서 '미학적', '아름다움'의 요소는 전혀 고려하지 않는다. 왜냐하면 어떤 남자가 어떤 특정한 여자에게 반해서 '넋을 잃을 정도로', '빼어난' 그녀의 미모에 정신이 나갔을 때 다른 사람은 그녀가 '자기의 보충'은 결코 아닌데 그녀에게 넋이 나간 이유를 알고 싶어 하는 경우를 종종 보기 때문이다. 여기서는 어떤 규범화된 미학적 관점을 받아들이거나 상대적 가치 평가의 예들을 수집하는 대신에, 순수 미적인 중립적 관점뿐만 아니라 사랑하는 사람에게서는 아름답지 않은 것조차 아름답게 발견되는 것을 말하고자 한다. 그때 '순수 미적'이라는 말은 '절대적 아름다움'이 아니라 단지 '아름다운 것'으로, 다시 말해 '의식적인 성적 인식'이 모두 빠져나간 뒤 미적으로 '마음에 드는 것'

으로 이해해야 한다.

## 첫 번째 공식의 증명

나는 이 법칙 자체를 최소한 수백 번 점검해 보았다. 그리고 모든 예외들도 표면상 그런 것으로 증명되었다. 길거리에서 만나는 거의 모든 한 쌍의 남녀는 다시 한 번 이런 사실을 증명해 주었는데, 예외의 경우들은 성에 대한 다른 법칙들을 따르는 흔적이 강해서 연구해 볼 만한 가치가 있었다. 그 외에 나 자신도 다음과 같은 방법으로 많은 시도를 해 보았다. '순수 미적'으로 나무랄 데 없는 여성들의 사진들을 수집해서 설문 조사를 했는데, 각 여성들은 일정 부분 'W 함량'을 갖추고 있었다. 이와 동시에 나는 일련의 지인들에게 의도는 숨기고 '제일 아름다운 여자'를 뽑아 보라고 말하면서 그 사진들을 내놓았다. 내가 들은 대답은 이미 예상했던 대로 천편일률적으로 똑같았다. 무슨 속셈이 있는지를 미리 알고 있던 사람들은 오히려 내 앞에 사진들을 내놓고 그중에서 그들이 제일 예쁘게 생각하는 여자를 나더러 뽑아 보라고도 했었다. 그런데 내가 항상 맞혔다. 억지로라도 나를 위해 무작위 실험을 해 주지 않았던 사람들에게 나는 그 사람들의 이상형을 때때로 거의 완벽하게 말할 수 있었다. 그들 자신이 말할 수 있는 것보다 훨씬 정확했던 적도 많았다. 그들의 마음에 들지 않는 것을—사람들은 일반적으로 자기 마음에 드는 것보다 마음에 들지 않는 것을 훨씬 많이 알고 있다—내가 말해 주었을 때 비로소 그 점에 주목하는 사람도 가끔 있었다. (…)

## 불균형 암술대

여기 제시된 법칙은 한 무리의 식물 세계에서 벌어지는 사실들을 통해 가장 눈에 띄게 확인될 수 있다. 식물의 세계는 지금까지 사람들이 완전히 다른 세계와 구분해서 관찰해 왔고, 그러다 보니 특이한 성격들이 아주 많이 발견되는 것처럼 보였다. 모든 식물학자들은 당장 알아맞히게 될 것이지만, 퍼순(Persoon)이 발견하고 다윈이 제일 먼저 기록했으며 힐데브란트(Hildebrand)가 명명한 '불균형 암술대(Ungleichgriffeligkeit, Heterostyle)' 현상을 말한다. 이 현상은 많은 쌍떡잎(몇몇 외떡잎) 식물종에서 나타난다. 예를 들어 앵조(Primula)와 제라늄(Geranium), 특히 여러 꼭두서닛과 식물들, 꽃가루와 암술머리가 꽃을 피우는 기능을 수행하는, 그러나 다른 개체의 꽃을 피우는 데만 사용되는 식물들은 전부 형태적 관계는 자웅동체이지만 생리학적으로 보면 자웅이체인 경우의 식물들이다.

이 식물들은 모두 암술머리와 꽃가루주머니를 각각의 개체마다 서로 다른 높이에서 발달시키는 특성을 가지고 있다. 그 한 가지 예가 거의 예외 없이 긴 암술대를 가진 꽃을 피우는 경우인데, 높이 위치한 암술머리와 낮게 위치한 꽃가루주머니를 가지고 있다. 이것은 내 생각에 암컷에 좀 더 가깝다. 이와는 반대되는 다른 예로는 낮게 위치한 암술머리와 높이 위치한 긴 꽃가루주머니로 꽃을 피우는 경우인데, 수컷에 좀 더 가깝다. (…)

불균형 암술대 식물의 경우 수분(受粉)은 긴 암술대 꽃의 꽃가루(비교적 짧은 꽃가루주머니에 있는 꽃가루)가 긴 수술대(꽃실)를 가진 다른 개체의 짧은 암술대의 암술머리에 옮겨졌을 때만 좋은 결과를 기대할 수 있다는 것이다. 그렇지 않으면 암술머리가 짧은 꽃인 경우, 높이 위치한 꽃가루주머니에서 나온 꽃가루가 짧은 관을 가진 다른 식물의 긴 암술대 암술머리에 옮겨질 때다. 그러니까 어떤 꽃이 개화하고 있는 동안 암술대가, 다시 말해 그 꽃의 암술 기관이 암컷 기관으로서 잘 발육이 되어 있는 만큼, 성공적으로 수분해야 하는 다른 꽃에 있는 수술 요소인 수술대는 길어야만 한다. 그리고 이 꽃의 암술대는 그만큼 짧아야 하는데, 그 길이로 암술의 정도를 측정한다. 세 가지 길이의 암술대가 있는 경우에 이 법칙을 확장해 보면,

가장 수정이 잘될 경우는 꽃가루가 그 꽃가루주머니와 같은 높이에 있는 다른 꽃의 암술머리에 옮겨졌을 때다. 이렇게 이루어지지 않고 이 법칙에 맞지 않는 꽃가루로 인공수분이 이루어졌을 경우에는 수정이 되었다고 하더라도 거의 병이 들거나, 발육이 좋지 않거나, 왜소하거나, 결코 수정할 수 없는 싹들이 생겨난다. 이 싹들은 여러 다른 종으로 만들어진 잡종과 외형적으로 비슷하다.

'불균형 암술대'에 관해 글을 썼던 사람들에게서, 수분할 때 이러한 식물들의 상이한 형태를 평범하게 설명하는 것에 만족하지 못하는 것을 전반적으로 감지할 수 있다. 더 정확히 말하자면, 수분은 곤충들이 꽃을 찾아왔을 때 곤충의 위치와 같은 높이에 있는 생식기관을 건드려서 독특한 효과를 만들어 낸다는 것이다. 다윈은 벌이 몸 곳곳에 모든 종류의 꽃가루를 묻히고 다니기 때문에, 두 개 내지 세 개 이상의 꽃가루로 수분을 할 때 암술 기관의 선택적 형태를 밝힐 필요성이 여전히 남아 있다고 솔직히 털어놓았다. 앞서 언급한 이유는 마술적 힘을 가진 아수 그럴듯한 효과를 나타내지만, 왜 인공수분 때 소위 '불법 수정'이라고 말하는, 서로 맞지 않는 꽃가루로는 그런 나쁜 결과가 나타나는지를 이해시키는 데는 약간 피상적인 것처럼 보인다. 전적으로 '합법적인' 꽃가루로 접촉하려면 암술대가 이 꽃가루에만 익숙해져서 받아들이게 되어야만 한다. 그러나 여기서 중매쟁이 역할을 맡게 되는 곤충들이 실제로는 오히려 구분 없는 교배를 선호하기 때문에, 다른 꽃가루들에 접촉되지 않는다는 것은 완전히 '착각'에 불과하다는 사실을 다윈 스스로 증인이 되어 말해 준다.

그래서 이러한 선택적 태도의 근거는 또 다른 꽃 자체에 원래 심오한 이유가 숨어 있다는 가정이 훨씬 설득력 있어 보인다. 여기서도 인간의 경우와 마찬가지로 두 개체 사이의 성적 매력이 가장 큰 경우는 **그 개체 중 하나가 M적 요소를 소유하고 있는 것만큼 다른 개체가 W적 요소를 소유하고 있을 때**라고 말해도 되는데, 이것은 앞서 제시한 공식을 다시 다른 말로 표현한 것에 불과하다. 이 해석이 사실일 가능성은 다음의 사실을 통해서 엄청나게 커진다. 즉, 좀 더 수컷적인 짧은 암술대를 가진 꽃의 좀 더 높이 위치한 꽃가루주머니 속에 들어 있는 화분립(花粉粒)[4]은 좀 더 암컷적인 긴 암술대를 가진 꽃의 동일한 부분들보다 언제나 좀 더 크며, 반면에 (수컷 꽃의) 암술머리의 화분은 (암컷 꽃의 경우보다) 좀 더 작다는 사실이다. 여기서도 바로 '남성적인 것'과 '여성적인 것'의 정도의 차이가 문

---

4) (옮긴이 주) 종자식물의 단성 생식세포.

제가 된다는 사실을 엿볼 수 있다. 이 전제 조건에서, 여기서 제시된 성적 매력의 법칙이 멋지게 입증된다는 사실을 알 수 있는데, 나중에 다시 한 번 언급하겠지만, 동물의 세계나 식물의 세계에서도 마찬가지로 **가장 좋은 결과를 낳는 수정은 항상 부모가 서로 성적으로 가장 매력을 느꼈을 때 이루어진다**는 사실이다.[5] (…)

### 두 번째 공식

첫 번째 공식은 이상적인 강도를 지닌 성적 매력의 모든 경우를 같은 형태로 '경제적으로' 요약한 것일 따름이었다. 그런 만큼 성적 관계는 그 법칙을 통해 규정된다. 이제 우리는 생각 가능한 모든 경우의 '성적 친화력(sexuelle Affinität)'의 강도를 나타내 보고자 한다. 게다가 이 표현은 성적 친화력의 형태가 일정하지 않기 때문에 두 생물체의 관계를 서로 상이한 종이든 같은 성이든 상관없이 가장 일반적으로 서술할 수 있을 것이다.

만약 $X\begin{cases}\alpha & M \\ \alpha' & W\end{cases}$ 그리고 $Y\begin{cases}\beta & W \\ \beta' & M\end{cases}$

5) 물론 여기서, 재배자(또는 사육자)가 특수한 목적으로 자연적인 경향을 대부분 변경하려는 의도를 가지고 있는 경우는 제외해야만 한다.

그때 다시 $0 < \frac{\frac{\alpha}{\beta}}{\frac{\alpha'}{\beta'}} < 1$일 때,

어떤 임의의 두 생명체를 성적으로 정의하면 둘 사이의 매력의 강도는 다음과 같다.

$$A = \frac{k}{\alpha - \beta} \cdot f(t) \quad \cdots (2)$$

여기서 $f(t)$는 시간의 경험적 또는 분석적 기능을 의미하고, 그 시간이 진행되는 동안에 각 개체는 서로에게 영향을 미치는 것이 가능하다. 이것을 우리는 '반응 시간'이라고 말할 수 있을 것이다. k는 분배 요소인데 우리는 그 속에 성적 친화력에 대해 알려졌거나 알려지지 않은 모든 법칙들을 담을 수 있다. 그 요소는 그 외에도 두 개체가 가지고 있는 특성, 인종, 친족 관계의 정도, 더 나아가 건강이나 불구의 정도에 영향을 받는다. 결국 요소 k는 두 사람이 공간적으로 비교적 멀리 떨어져 있으면 점점 작아진다. 그러니까 k는 어떤 경우에도 따로따로 확정할 수 있다.

이 공식에서 $\alpha=\beta$가 되면 $A=\infty$가 된다. 이것은 극단적인 경우로, 린케우스(Lynkeus)가 단편소설 《우편마차》에

서 아주 대가답게 묘사했던 것처럼 '원초적 힘(Elementargewalt)'으로서의 성적 매력이 된다. 성적 매력은 땅속으로 파고드는 뿌리의 성장처럼 거의 자연법칙과 같다. 또한 박테리아가 산소를 얻기 위해 물체의 가장자리를 돌아다니는 것과 같다. 물론 이러한 세상의 이치에 우선 익숙해져야만 한다. 어쨌든 다시 이 문제로 다시 돌아가 보자.

만약 α−β가 마이너스가 되면

$$\lim(\alpha-\beta) = \text{Max.} = 1$$이고,

그래서 $\lim A = k \cdot f(t)$가 된다. 이 경우에는 특정한 한계 상황으로, 인간 사이의 호감과 비호감의 모든 관계가 나타난다(사회적 법질서를 확립해 주는 가장 좁은 의미의 사회적 관계들과는 아무런 관련이 없다). 그만큼 사회적 관계들은 성적 친화력에 대한 우리의 법칙으로 통제할 수가 없다. k는 강한 친족 관계에 의해 일반적으로 커지게 되는데, A는 우리 나라 사람들 사이에서 다른 나라 사람들에 비해 더 많은 가치를 둔다. $f(t)$가 좋은 의미를 갖고 있는지는, 집에서 기르는 종류가 다른 두 마리의 동물의 관계에서 아주 잘 관찰할 수 있다. 첫 번째 규칙은 종종 천적

관계에 있거나 서로에게서 두려움을 느낀다(이 경우에 A는 부정적인 표시다). 그러다 나중에 종종 친구 관계가 나타나게 되는데 서로가 서로를 찾게 된다.

그래서 내가 A = $\frac{k \cdot f(t)}{\alpha - \beta}$, k = 0이라고 놓으면, A = 0이 된다. 이것은 너무 다른 혈통을 가진 살아 있는 두 개체 사이에 눈에 띄는 매력을 더 이상 찾을 수 없다는 의미다.

형법에 나오는 계간(鷄姦) 금지 조항이 아무 일도 아닌 일에 대해 규정한다거나 아무런 내용도 담고 있지 않아서도 안 되며, 더군다나 인간과 암탉 사이의 성행위는 관찰 가능하기 때문에 k는 0보다 훨씬 넓은 범위 안에 있다. 그래서 우리는 확실하지 않은 두 개체를 같은 종류로 절대 동일한 급으로 제한해서는 안 된다.

남성 유기체와 여성 유기체가 만나는 것은 모두 우연한 일이 아니고 일정한 법칙의 지배 아래서 일어난다. 이런 사실은 새로운 견해이고, 그중에서 낯선 사실은 – 조금 전에 막 그 점을 언급했었다 – 이러한 성적 매력의 불가사의한 본질에 대한 중요한 문제를 논의하지 않으면 안 되게 만든다. (…)

## 친화력

우리의 공식에 따라 서로 잘 맞지 않는 두 개체가 결합을 해서 나중에 한 개체에게서 실제로 '보충'이 필요해 보인다면, 이전에 어쩔 수 없이 취했던 임시방편을 버리려는 경향이 필연적 자연의 법칙 자리에 나타난다. 그래서 **간통**이 발생하는 것이다. 간통은 기본적으로 발생하는 일이며 자연 현상이다. 마치 FeSO4(황산철)가 KOH(수산화칼륨)와 만나면 SO4(황산) 이온은 곧바로 Fe(철) 이온을 버리고 K(칼륨) 이온으로 넘어가는 것이나 같다. (…)

이것이 괴테의 소설 《친화력(Die Wahlverwandtschaften)》의 기본 생각이기도 하다. (…)

성적 친화력에 대한 법칙은 물론 뚜렷한 차이는 있지만 화학 이론 중에서 널리 알려진 한 가지 법칙에 대한 다른 유추를 가능케 해 준다. 말하자면 '질량 작용의 법칙'에 따른 과정들과 우리의 법칙이 유사하다는 것이다. 예를 들어, 보다 강한 산이 보다 강한 염기와 결합하듯, 보다 남성적인 생명체가 보다 여성적인 생명체와 결합한다는 점이다. 그러나 이런 사실은 생명이 없는 무기물의 화학 작용에 비해 새로운 사실 그 이상의 의미가 있다. 생명이 있는 유기체는 절대 동질적이거나 균등한 물질도 아니고, 임의로 동질의 여러 부분으로 나누어질 수 있는 물질이 아니다. 이것은 '개체화의 원리(principium individuationis)'로, 살아 있는 모든 것은 개체로 살아간다는 사실이 '조직체'라는 사실과 동일하다. 그러니까 유기체의 경우에는 무기체의 경우와는 다르게 좀 더 큰 부분이 관계를 맺을 수 있고, 좀 더 작은 부분도 다른 관계를 맺어 부산물을 생산할 수 있다. 게다가 '굴화성 화학 작용'은 부정적인 작용일 수도 있다. 공식 2에서 $\alpha-\beta$의 크기로부터 우리는 부정적인, 그러니까 서로 반대되는 매력을 확인할 수 있는데, '성적 반발'이 존재한다는 표시로 바꿔야 한다. 무기물의 화학 작용에서 서로 다른 속도로 똑같은 반응이 일어날 수는 있다. 그러나 적어도 여러 최신 연구에 따르면, 반응이 절대적으로 일어나지 않는 경우에(말하자면 우리의 경우와 반대되는 경우다), 어떤 촉매제로 인해 시간이 길든 짧든 이와 똑같은 반응은 결코 일어날 수 없다는 것이다. 이와 반대되는 경우가 어떤 온도에서 형성되는 결합인데, 조금 더 높은 온도에서 다시 용해될 수 있고 그 반대의 경우도 있을 수 있다. 여기서 반응의 방향이 온도의 기능이라면 인간의 경우에서는 종종 시간의 기능이 된다.

'반응 시간' 요소인 t의 의미는, 성적 매력을 최종적으로 화학 작용에 유추해 본 것이다. 이것은 그런 비교를 처음부터 완전히 거부하지 않을 때 적용된다. 여기서 또한 반응 속도에 대한 공식 하나를 생각해 볼 수도 있는데, 빠르기가 서로 다른 두 개체 사이의 성적 반응을 설명할 수 있다. 예를 들어 t에 따라서 A를 구분해 볼 수 있다. 하지만 '숫자의 화려함'(칸트)에 대한 허영심만 부추겨서 미분값을 복잡하고도 어려운 인간관계에 대입한다든지, 지속성이 아주 의심스러운 기능에 대입해 보도록 해서는 안 된다. 여기서 분명히 말하고 싶은 것은, 장시간 함께 있었고, 더 정확하게 표현하자면 함께 가둬 넣어졌던 두 개체 사이에는 감각적인 욕구가 발생할 수도 있다는 사실이다. 이때 화학 반응의 과정과 비슷하게 아무것도 전제되지 않고 더구나 거부감이 전혀 없어야 한다. 또한 화학 반응은 그 과정이 일어나는 것을 알아차리기 전에 아주 많은 시간을 요구한다. 그래서 사랑도 없이 결혼하는 사람들에게 사람들이 위로의 말을 해 주려고 애쓰는 이유가 부분적으로 바로 여기에 기인할지도 모른다. 즉, "그건 '나중에 가서야' 적응하게 된다"라거나 "그건 '시간이' 해결해 준다"라는 위로의 말이다. (…)

**불륜과 결혼**

'불균형 암술대'에서 특히 '불법 수정'으로 거의 모두 성장 불가능한 싹이 나온다는 사실을 기억해 보면 두 번째 결론이 나온다. 이 사실은 다른 생명체에서도 두 개체가 서로 엄청나게 성적으로 끌릴 때 결합해서 가장 강하고 가장 건강한 후세를 생산하게 된다는 생각을 하게 해 준다. 그래서 우리가 어떤 특별한 면에서 '사랑의 자식들'이라고 말하고 이 아이들이 보다 아름답고 더 잘되고 멋진 사람들이 되리라고 믿는 것이다. 이런 이유에서 특별한 '인간 사육사'로서의 소명을 느끼지 않는 사람조차 단순히 돈을 보고 결혼하는 일을 위생학적 이유로도 찬성하지 않을 것이다(돈을 보고 결혼하는 것은 사랑 없이 이성적으로만 결혼하는 것과 크게 구분할 수 있다).

내가 덧붙여 말하고 싶은 것은, 동물 사육에 성적 매력의 법칙이 상당한 영향력을 미칠지도 모른다는 것이다. 그래서 우선 교배를 시킬 두 개체의 2차 성적 특징과 발육을 지금보다 더 주의 깊게 관찰할 필요가 있다. 암컷이 수컷의 마음에 들지 않음에도 불구하고 수컷이 암컷과 교미하도록 인공적으로 취하는 조치는 어느 정도 목적은 달성하겠지만, 일반적으로 뭔지 모르게 나쁜 결과를 계속 동반하게 된다. 예를 들어 마음에 들지 않는 암말을 밑으로 밀어 넣어 생겨난 수말들이 엄청나게 신경질적인 반응을 보이는 것은 결국 이 법칙 때문임이 분명하다. (…)

아주 가까운 친족 관계에 있는 개체들뿐만 아니라 반

대로 아주 다른 종류의 성격을 가진 개체들은 어느 정도 '의미 없고 서로 상이한' 개체들보다 성적으로 서로 매력을 덜 느낀다는 것이다. 그리고 비록 그런 상태에서 수정이 이루어졌다고 해도 그 싹은 발육 이전 단계에서 죽어 버리거나 대부분 생식이 불가능한 약한 산물만 만들어 낸다는 것이다. 이것은 '불균형 암술대' 식물의 경우와 마찬가지로 '합법적인 수정'이 모든 다른 결합보다 많고 좋은 씨를 만들어 내는 것이나 같다.

**부모가 가장 강한 성적 친화력을 보여 주었던 그 싹들이 그래도 계속해서 가장 잘 자란다.** (…)

# 4장
# 동성애(Homosexualität)와 남성애(Päderastie)

앞서 언급한 성적 매력의 법칙에는 반대되는 성적 감정, 즉 성적으로 (자기와 다른 성뿐만 아니라) 자기와 같은 성으로 기울어지는 경향을 설명하는 - 오랫동안 찾아왔던 - 이론이 포함되어 있다. 나중에 언급하게 될 차이점을 제외하면 반대되는 성적 성향을 가진 모든 사람들은 해부학적으로도 다른 성의 성격을 가지고 있다고 과감하게 주장할 수 있다. 순수한 '심리적-성적 양성체'는 존재하지 않는다. 남성에게 성적 매력을 느끼는 남성들은 그들의 외적 행동을 봐도 여성적인 남성이다. 마찬가지로 다른 여성한테서 감각적인 욕구를 느끼는 여성들도 육체적으로 남성적 특징들을 가지고 있다. (…) 즉, 같은 유기체라도 모든 부분이 M과 W 사이의 같은 위치에 있는 것이 아니라, 여러 다른 기관들 중에서 몇몇 기관은 남성적이고 몇몇 기관은 아주 여성적일 수도 있다는 사실이다. **성도착자의 경우는 어김없이 해부학적으로 다른 성에 근접해 있음**

이 나타난다.

## 성적 중간 형태로서의 동성애

성적으로 반대되는 성향을 가진 사람들이 살아오면서 '반대되는 성적 충동'을 가지게 되어 정상적인 성적 감정을 덮어씌우게 된다고 보는 견해가 있다. (…) 이들은 그러한 동기로 '정상적인' 성교를 완전히 단념하는 금욕과, 특히 '유혹'을 들고 있다. (…) 나에게는 이 말이 전형적인 남성의 '정상적인' 성적 경향이 전형적인 여성에게 기우는 것을 마치 인위적으로 얻은 것으로 보려 한다고밖에는 생각되지 않는다. 그리고 이런 잘못된 주장은 우연히 한 번 기분 좋은 성관계를 맛봤을지도 모르는 비교적 나이 많은 동료들의 가르침에 근거한다는 것이다. '정상적인 사람'은 스스로 '여성이 무엇인지' 완전히 인식하게 되듯이, '반대되는 성향의 사람'의 경우에도 (…) 개인적으로 성장해 가면서 같은 성을 가진 어떤 사람이 자신에게 성적 자극을 주는지가 나타나게 된다. 이때 동성애를 실행하려는 욕구를 발산할 수 있는 기회도 나타나야만 하는데, 그 개체 안에 많든 적든 간에 오랫동안 잠복해 있으면서 발산되기를 고대하는 경우에는 이런 행동을 활성화할 수 있다. 반대되는 성향의 성적 감정에 대한 확인되지 않은 두 번째 이

유인 금욕 생활의 경우는 자위행위와 같은 뭔가 다른 것을 이용하게 된다. 이것은 '습득이론가들'이 해명해야 할 문제다. 그러나 동성애를 추구하고 실행하는 데는 그 본성 속에 이미 근거가 마련되어 있어야만 한다. (…)

## 동성애는 선천적인가 후천적인가?

동성애적 감정은 후천적으로 얻어질 확률보다 부모나 조부모로부터 유전될 확률이 훨씬 작다. 후자의 경우를 거의 주장할 수가 없는데, 얼핏 봐도 경험적으로도 모순될 뿐만 아니라 완전히 노이로제 체질 조건을 갖췄다고 평가할 수밖에 없기 때문이다. 이런 체질은 일반적으로 유전에 대한 부담을 갖고 있어 자식 세대에서 성적 본능이 바뀌어 나타난다. 이것은 전적으로 심리병리학 영역에서 나타나는 '퇴화 현상'의 징후로, 여기에 해당하는 사람을 환자로 관주한다. 이런 견해는 불과 몇 년 전 크라프트에빙(Kraft-Ebing)이 자신의 저서 《성적 정신병(Psychopathologie sexualis)》 개정판에서 빼 버리고 난 이후에 지지자가 줄어들었다. 그래서 성도착증을 가진 사람들도 대체적으로 아주 건강하며, 부차적인 사회적 요소를 제외하면 다른 건강한 사람들만큼 편하게 지낸다는 말을 하지 않을 수 없다. 만약 그들에게 현재와 다른 상태를 원하느냐고 물으면 거의 부정적인 대답을 얻는다. (…)

'성도착증'을 뭔가 병적인 것이나 역겹고 끔찍한 정신적 발육 이상으로 보는 사람(후자의 경우는 고루한 사람들이 부정적으로 반응하는 시각이다), 또는 동성애를 '악습'이나 저주받을 유혹의 결과로 발생한 행동으로 보는 사람은 다음의 사실을 깊이 고려해야 할 것이다. 즉 가장 남성적인 남자에서 여성적인 남자를 거쳐 마침내 '반대되는 성적 감정'을 거쳐 육감적, 생태적 양성 상태로, 그리고 거기서 동성애의 여성을 거쳐 남성적 충동을 가진 여성을 넘어서 처녀로 가는 과정은 무수하게 많다는 사실이다. 남성이나 여성 중에서 반대되는 성적 감정을 가지는 사람은, 이 책에서 주장하는 관점에 따라서는 '개인적'으로만 정의를 내려야만 한다. 이들의 경우에는 α가 0.5만큼 유동적인데, 대략 남성과 여성이 갖고 있는 α'(40쪽 참조)과 더 이상 구분되지 않는다. 그들은 남자라곤 하지만 종종 여성에 더 가깝고, 여성이라고는 하지만 남성에 더 가까운 사람들이다. 몸 전체에 성적 특징이 항상 골고루 분포되어 있는 것이 아니라는 사실에 따라, 일차적으로 그 사람들을 남성의 성적 특징을 바탕으로 아무 문제 없이 하나의 성으로 구분 지을 수 있다. (…) 남성에게서 그런 성격이 나타날 때 비록 α〈0.5, α'〉0.5라고 해도 군대 복무 등과 같은 남성 교육을 누리게 된다. 그러한 사람들의 '성적 보충'은 자기와 같은 성을 가진 절반에서 찾는 듯이 보인다. 그들이 실제로는 이미 반대되는 성에 속해 있으면서도 단지 자신이 머물고 있는 것처럼 보이는 곳에서 찾는 것이다. (…)

## 모든 인간이 가진 동성애적 요소

동성애 현상과 양성 섹스 성향과의 연관 관계가 모든 동물이나 식물의 태아에 존재한다는 사실은 최근 여러 차례에 걸쳐 점점 인식되어 왔다. 여기서 새로운 사실은 동성애가 퇴화나 미완성 발달 내지 불완전한 성을 의미하지 않는다는 것이다. 최근 연구에 의하면 동성애는 더 이상 비정상이 아니라, 단지 산발적으로 존재하면서 양성 구분이 되지 않는 결과로 성적으로 완전히 성숙한 '특이 현상'으로 튀어나온 것일 뿐이다. 따라서 동성애는 성적으로 중간 단계로 분류되어 지속적인 중간 형태들과 관련을 갖는데, 그 형태들만이 현실적으로 간주되고 그 극단적인 경우는 이상적일 따름이다. 그렇기 때문에 모든 존재가 이성애적인 것처럼, 모든 존재는 동시에 동성애적이기도 하다. (…)

'반대되는 성적 감정'(동성애)은 이 이론에 따르면 자연의 법칙에서 '예외의 경우'가 아니라 '특별한 경우'일 뿐이다. 대략 반은 남성이고 반은 여성인 사람의 경우, 법칙에 따르면 이것을 보충하기 위해 양성을 균등하게 가진 다른 성을 요구하게 된다. 이런 형상들을 설명할 수 있는 근거를 살펴보면, 반대되는 성적 감정을 가진 사람들은 거의 언제나 그들 사이에서만 자신들의 방법으로 섹스를 한다는 사실이다. 아주 드문 경우이긴 하지만 집단에 소속되어 있기도 하는데, 그 집단은 그들과 같은 형태의 성적 만족을 추구하지 않는다—성적 매력은 상대적인 것이다—. 성적 매력은 중요한 요소이기도 한데, 동성연애자가 서로를 금방 알아보는 것도 다 그 요소 때문이다. 그래서 '정상적인' 사람이 동성애가 엄청나게 퍼져 있다는 사실을 전혀 알아채지 못하는 것도 그 때문이다. 정상적인 사람이 갑자기 동성애 행위에 대해 들으면 '정상적인 성욕'을 가진 사람으로서 버럭 화를 내는데, 마치 그런 '파렴치한' 행위를 단죄할 수 있는 권한이나 있는 듯이 생각한다. 독일 대학병원의 어느 심리학 교수는 1900년에 동성연애자들을 그냥 거세해 버리자고 진지하게 제안했던 적도 있었다.

**치료책 제안(형법과 도덕)**

오늘날 성도착증을 추방하고자 벌이는 치료책은(어쨌

든 그런 시도를 벌이고 있는 곳에서는) 위의 주장보다 과격하지는 않지만, 실행하는 과정에서 동성애의 본성에 대한 이론적 측면이 전혀 갖춰져 있지 않음을 보여 주고 있다. 최근에는 (…) 동성애자들을 최면술로 치료한다. 그들에게 여성을 상상해 보게 하고 그 여성과 '정상적이고' 능동적으로 섹스를 하는 생각을 유도해서 그것에 익숙해지게 하는 방법이다. 이런 방법은 스스로 고백했듯이 별다른 효과가 없었다.

그것은 우리의 관점에서 보면 자명한 일이다. 최면술사는 환자에게 가장 전형적인(!) 여성의 모습을 투영하는데, 그 여성의 모습은 유도도 통하기 힘든 자신의 태생적, 무의식적 본성 때문에 환자에게 전율을 느끼게 할 뿐이다. 왜냐하면 이 사람에게 W는 자신의 보충이 아니기 때문이다. 의사가 이런 치료를 위해, 돈을 주면 자기 마음에 드는 행동을 해 주는, 처음 몸을 팔러 나온 예쁜 아가씨에게 환자를 보내서도 안 된다. 그런 치료는 일반적으로 정상적인 섹스에 대해 혐오감만 가중시키게 된다. 이런 사람들의 성적 불만족을 보충해 줄 수 있는 공식이 있느냐고 묻는다면 바로 가장 남성적인 여성, 즉 레즈비언이라는 답을 얻는다. 실제로 가장 남성적인 여성인 레즈비언이, 동성애적 성적 감정을 가진 남자에게서 성적 매력을 느끼고 마음에 들어 하는 유일한 여성이다. 반대되는 성적 감정을 가진 사람을 반드시 '치료'해야 하고 그 확산을 막아야만 한다면, '반대되는 성적 감정을 가진 남성'을 '반대되는 성적 감정을 가진 여성'에게, 남자 동성연애자를 여자 동성연애자에게 보내라는 이론을 제안한다. (…) 이 두 가지 타입의 섹스는 그 자체로는 도덕적으로 아무런 차이가 없다. (…) 뿐만 아니라 동성애자들에게 그들의 방식으로 섹스하는 것을 금지하고, 이성과 섹스하는 사람은 자기 방식대로 하도록 허락하는 것은, '죄악'이 아니라 '범죄'만을 예상하는 형법의 원칙과도 전혀 일치하지 않는 것으로 아주 비난을 받아야 마땅하다. (…) '반대되는 성적 감정을 가진 사람들'이 서로 자신들이 원하는 곳에서 성적 만족을 찾을 수 있도록 하는 것만이 유일하게 논리적일지도 모른다.

### 동성애와 남성애의 차이

(…) 훨씬 여성적인 남성들에게 주는 것보다 별로 여성적이지 않은 남성에게 좀 더 강한 영향을 주는 남성들도 실제로 있다. 그 영향은 더 나아가 남성적인 남자로부터 같은 남자들에게 미칠 수 있고, 어떤 여자가 그런 남자들에게 줄 수 있는 것보다 더 큰 영향을 미칠 수도 있다. 알

베르트 몰(Albert Moll)이 다음과 같이 한 말은 옳다. "심리적인 성적 자웅동체가 있는데, 양성 모두에게 매력을 느끼지만 각각의 성에게서는 그 성의 고유한 특성만 사랑하는 경우다. 다른 형태의 심리적인 성적(?) 자웅동체도 있는데, 각 성에게서 그 성의 고유한 특성을 사랑하는 것이 아니라, 그런 특성에는 관심이 없고 부분적으로는 반감을 느끼는 경우도 있다." (…) 동성애는 이미 말한 법칙에 따라 아주 여성적인 남성들과 아주 남성적인 여성들이 선호하는 '성적 변태 행위'라고 말할 수 있다. '남성애(Päderastie)'는 그 반대로 아주 남성적인 남자뿐만 아니라 아주 여성적인 여자도 사랑할 수 있다. 그가 남성애를 하지 않는 한 아주 여성적인 여자를 사랑할 것이다. 그러나 그는 여성보다는 남성에게 훨씬 깊고 강하게 끌리게 된다. 이런 남성애의 이유는 아직 문제로 남아 있고 연구도 완전히 끝나지 않았다.

# 5장
# 성격학(Charakterologie)과 형태학(Morphologie)

육체적인 것과 심리적인 것 사이에 항상 어떤 성질의 교류가 있다는 사실을 근거로 형태학과 생리학의 관계에서도 성적 중간 단계의 원칙이 증명될 수 있다는 전제 아래, 심리학적으로도 풍부한 성과를 올릴 수 있다고 기대할 수 있다. 물론 남성과 여성의 심리적 유형도 있다(최소한 지금까지의 연구 결과들이 그러한 유형들을 찾아내도록 과제를 던지고 있다). 현실적으로 결코 도달할 수 없는 유형들도 있는데, 현실에서는 정신적으로나 육체적으로 성적 중간 형태의 결과물이 가득 차 있기 때문이다. 성적 중간 단계의 원칙은 정신적 특성에 반대된다는 것을 입증하는 데 큰 희망을 걸고 있다. 그리고 개별적인 사람들 사이의 심리적 차이가 학문적으로는 아직도 여전히 어둡고 혼란스럽지만 약간의 빛을 비춰 줄 수 있을 것으로 기대한다. 왜냐하면 이로써 각 사람의 정신적 태도(Habitus)도 다양하다고 인식하는 데 큰 진전을 가져왔기 때문이다.

이제 사람들은 한 사람의 성격에 대해 더 이상 "그 사람은 남성적이다"라거나 "저 사람은 여성적이다"라고 학문적으로 말하지 않을 것이며, 한 사람 안에 '어느 정도의 남성과 어느 정도의 여성'이 있는지를 묻게 될 것이다. 그리고 해당되는 개인으로서의 그 남성이 아니면 그 여성이 이런저런 것을 했는지, 말했는지, 생각했는지를 묻게 될 것이다. (…)

### 동시성 또는 연속성?

한 사람에게 남성적인 것과 여성적인 것이 나란히 있다는 것을 완전한 동시성으로 이해해서는 안 된다. (…) 각 인간은 자기 안에 있는 남성과 여성 사이에서 이리저리 흔들리거나 진동한다. 비록 이 진동의 폭이 어떤 사람은 비정상적으로 크고, 또 어떤 사람은 느끼지 못할 정도로 미미하다고 해도 말이다. 그러나 이런 진동은 언제나 있고, 그것이 눈에 띄게 커지면 드러나게 된다. 여기에 해당되는 사람은 신체적으로 변한 모습으로도 나타난다. 이런 성적 특성의 변동은 지구 자기(磁氣)의 변동처럼 규칙적일 수도 있고, 불규칙적일 수도 있다. 규칙적인 변동은 여러 사람들이 아침보다는 저녁에 느끼는 것 같은 약한 진동일 수도 있고, 처음에는 거의 느끼지 못하는 유기체적 삶의 보다 큰 기간에 해당되기도 한다. 이에 대한 연구는 전혀 예측할 수 없을 정도로 많은 이런 현상들에 빛을 비춰줄 것으로 보인다. 불규칙적인 변동은 아마도 외부적 요인들에 의해서, 특히 주변 사람의 성적 특징에 의해서 드러나게 된다. 외부적 요인은 비록 지금까지 거의 주목을 받지 못했지만, 심리학에서 상당히 큰 역할을 하고 있는 그런 특이한 현상들을 어느 정도 전제로 한다. 예를 들어 '양성'이 한 순간에만 나타나는 것이 아니라 심리학적으로 차례차례 나타날 수도 있다. 또한 성적 특징이 시간적으로 다르게 나타나는 것이 주기적 법칙에 따른 것일 수도 있고 아닐 수도 있다. 뿐만 아니라 한쪽 성에서의 진동의 폭이 다른 성 쪽으로의 진동의 폭과 다를 수도 있고, 아니면 남성 시기의 진동 곡선이 여성 시기의 진동 곡선과 같을 수도 있다. (…)

### 여성적인 남성과 남성적인 여성

여성적인 남성들은 종종 결혼의 필요성을 엄청나게 강하게 느낀다. 그들은 물질적으로(내가 하는 말을 오해하지 않기를 바란다) 화려하게 치장하기를 좋아한다. 그들은 가능하면 거의 누구나 아주 젊은 나이에 결혼한다. 그들이 특히 자랑스럽게 생각하는 것은 유명한 여자, 즉 여류 작가나 여류 화가, 여자 가수나 배우를 아내로 맞이하는 것이다.

여성적인 남성들은 자신들의 여성성에 걸맞게 육체적으로도 다른 남성들보다 우쭐댄다. 산책길을 걸어가면서 거의 여성의 얼굴을 한 자신을 보여 주려는 의도를 드러내 보이면서, 남들이 감탄하는 것을 느끼고 만족해서 집으로 돌아가는 '남성들'도 있다. 나르시스(자기도취자)의 원형도 그러한 '남자'였다. 이런 사람들은 물론 머리 모양이나 의상, 시계, 속옷 같은 것에 엄청나게 주의를 기울인다. 그들은 자신들의 순간적인 자세, 어느 특정한 날 자신들의 외모, 옷매무새 하나하나, 다른 사람들이 자신들에게 던지는 짧은 시선에 이르기까지 거의 모든 것을 의식한다. 마치 W가 걸음걸이나 몸짓에서 종종 교태를 부리듯이 말이다. 남성적인 여성은 이와는 반대로 종종 옷 입는 데 별다른 신경을 쓰지 않고 몸매를 가꾸는 일도 드물다. 이들은 옷을 입을 때도 여성적인 남자들보다 훨씬 빠를 때도 있다. 유행에 민감한 남자들이나 '기걸족(Gigerltum)'[6]은 전부 부분적으로는 여성 해방과 마찬가지로 오늘날 이런

---

6) (옮긴이 주) 기걸은 오스트리아 빈의 지역 이름으로, 기걸족은 20세기 초 유행에 민감하고 외출을 좋아했던 사람들을 일컫는 말.

'양성인 사람들'이 증가하는 데 기인한다. 이 모든 것은 '단순한 유행' 그 이상이다. 어떤 것이 왜 유행이 될 수 있는지는 항상 의문인데, '단순한 유행'은 한 번 보고 피상적으로 비판하는 사람이 말하는 것보다는 훨씬 더 적다.

한 여성이 W를 더 많이 가지고 있을수록, 남성을 더 이해하지 못하게 된다. 남성이 자신의 남성적 특성을 한 여성에게 강하게 영향을 미치면 미칠수록, 그녀에게 남성으로서 더 강한 인상을 만들어 준다. 이런 사실은 이미 언급한 성적 매력의 법칙으로 이해할 수 있는 것일 뿐만 아니라, 한 여성이 더 여성적일수록 오히려 자신과 반대되는 특성을 파악할 수 있는 능력을 갖게 되는 데 기인한다. 그 반대로 어떤 남성이 더 많은 M을 가지고 있을 때 W를 이해하는 능력은 더 떨어진다. 그래서 여성들이 자신들의 여성적인 외적 특성을 그 남성에게 그대로 보여 주면 더 주목을 끌게 된다. 소위 '여성을 안다는 사람들'은 단순히 '여성을 아는 사람' 이상도 이하도 아닌데, 그렇기 때문에 대부분이 여성 자신들이다. 여성적인 남성들은 '완전히 남성적인 남자들'보다 여성을 훨씬 잘 다룰 줄 안다. 완전히 남성적인 남자들은 오랜 경험을 한 후에야 여성을 다룰 줄 알며, 몇몇 예외를 제외하고는 여성 다루는 것을 결코 완벽하게 배우지도 못한다.

## 개별화된 교육

(…) 발의 크기를 재는 구두장이는 누구나 오늘날 학교와 가정의 교육자보다 '개인화하다'라는 의미를 더 잘 이해해야 한다. 요즘의 교육자들은 그런 '도덕적 의무감'에 대한 적극적인 의식이 없다. 왜냐하면 지금까지 사람들은 (특히 여성들 사이에서) 성적 중간 형태인 사람들을 재래적 기준에 따라 가능한 한 이상적 남성과 이상적 여성에 가까워지도록 교육하고 있기 때문이다. 그래서 사람들은 문자 그대로 고문이나 다름없는 '정신적인 정형수술'을 시도한다. 그럼으로써 사람들은 세상에서 아주 많은 변화들을 만들어 내겠지만, 막 돋아난 싹이 뿌리를 내리려는 것을 밟아 버리고, 자연스럽지 못한 이상한 자세를 취하게 만들어 인위적이고 거짓되게 행동하도록 교육한다.

아주 오랜 기간 동안 우리의 교육은, 남성적 성적 영역을 가지고 태어났거나 여성적 성적 영역을 가지고 태어난 모든 아이들에게 획일적인 영향을 미쳐 왔다. '소년들'과 '소녀들'은 곧 다른 옷을 입게 되고, 서로 다른 놀이를 배운다. 벌써 초등학교 수업부터 완전히 나누어져 '소녀들'은 예외 없이 뜨개질 같은 것들을 배운다. 이때 '중간 단계'는 모두에게 너무 짧게 온다. 그러나 그렇게 잘못 다루어지고 있는 아이들의 본능이나 그들의 본성을 형성하는 유전인자들이 얼마나 강한지는 사춘기 이전에 벌써 나타난다. 인형을 갖고 노는 것이 제일 즐거운 소년들은 자기 누이들에게 뜨개질이나 자수를 가르쳐 달라고 조르고, 여자아이 옷을 입기를 선호하고, 여자아이 이름으로 불리고 싶어 한다. 소년들 사이에 섞여 있는 소녀들은 소년들의 거친 놀이에 끼어들려고 하고, 종종 소년들로부터 그들과 똑같은 '동지'로 취급당한다. 그러나 외부의 교육을 통해 억눌렸던 본성은 항상 사춘기가 지나서 나타난다. 남자 같은 여성들은 머리를 짧게 깎고, 남성용 상의를 선호하며, 대학에 진학해서 술을 마시고, 담배를 피우고, 산을 오르고, 열광적인 사냥꾼이 되기도 한다. 반면에 여성적인 남성들은 머리를 길게 기르고, 코르셋을 입고, 여성들이 옷차림에 신경 쓰는 것을 충분히 이해하며, 여성들과 동일한 관심사에 대해 친구처럼 대화를 나눌 수 있다. 그들은 남성과 여성 사이의 친구 같은 교류를 정말 좋아하는데, 예를 들어 여성적인 남자 대학생들은 여대생들과의 '동료 관계'를 좋아한다.

## 획일성

나사를 조이는 것 같은 획일적인 교육은 소녀들이나

소년들에게 마찬가지로 부담스럽다. 소년들은 나중에 동일한 법칙에 종속되어야 하는 데에서 많은 고통을 겪게 되고, 소녀들은 동일한 예절로 획일화되는 데에서 더 많은 고통을 느낀다. 여기서 제기되는 문제는, 소녀들이 소년들보다 머릿속에서 더 수동적으로 반발을 한다는 점이다. 내가 우려하는 것은 완전히 사실이 아님에도 일상적인 권위를 가지고 널리 퍼져 항상 반복되고 있는, '모든 여성은 똑같다'는 완전히 확신에 찬 의견이다("여성들에게는 차이도 개성도 전혀 없으며, 한 여성을 알면 모든 여성을 안다"). M보다 W에 더 가까운 사람들('여성들') 사이에는, 비록 넓게 봐서 남성들보다 그렇게 차이가 날 가능성이 많지는 않다고 하더라도, 언제나 차이가 충분히 존재한다. (…) 그렇게 넓게 퍼진 잘못된 의견의 심리학적인 기원은 대부분 각각의 남성이 살아가면서 단 하나의 일정한 무리의 여성들을 보다 은밀하게 알고 있으며, 자연의 법칙상 그런 여성들이 모두 서로 같은 점들을 많이 가지고 있기 때문이다. 사람들은 여성들로부터 "남자들은 이 남자나 저 남자나 똑같다"는 말도 자주 듣게 되는데, 근거는 별로 없지만 같은 원인에서 나온 것이다. 그래서 많은 여성 운동가들이(부드럽게 말해서) 과감하게 남성에 대해, 그리고 '남성의 우월함'이 사실이 아니라는 데 대해 하는 몇 가지 주장들도 자연스럽게 설명된다. 그 여성들이 일반적으로 어떤 남성들을 보다 자세하게 알고 있느냐 하는 것이다.

학문적인 성격학 전반에 걸쳐 주된 원칙이라고 인정했던 M과 W의 공존에 대해 상이하게 등급을 매긴 것에서, 우리는 특수교육학에서조차 꼭 명심해야 하는 한 가지 사실을 직시하게 된다. (…)

## 골상학

골상학의 문제는 '멈춰 있는' 심리적인 것을 '멈춰 있는' 육체적인 것에 지속적으로 대입하는 문제다. 마치 생리학적 심리학의 문제가 '움직이는' 심리적인 것을 '움직이는' 육체에 법칙적으로 대입하는 문제인 것과 같다(이때 신경이 특수하게 기계적으로 반응하는 과정은 언급되지 않는다). 하나는 어느 정도 정적이고, 다른 하나는 역동적이다. 이 방법으로나 다른 방법으로 적용해 보는 것은 똑같이 원칙적으로 정당성을 갖고 있다. 방법론적으로나 객관적으로 아주 부당한 것은, 골상학을 너무 어렵다는 이유로 일종의 견실하지 못한 학문으로 취급하는 것이다. 이런 경우는 최근에 의식적이라기보다는 무의식적으로 뫼비우스(August Ferdinand Moebius)[7]에게서 천부적인 수학자의 골상을 발견해 내려는 갈(Franz Joseph Gall)[8]의 새로운 시도에 대한 학계의 태도에서도 여실히 드러난다. 만약 의식적이거나 무의식적인 소중한 경험을 기초로 하지 않고, 전혀 모르는 사람의 외모만 보고 직접 느껴지는 것으로부터 그 사람의 성격에 대해 아주 정확하게 밝혀내는 것이 가능하다면—이 분야에 대단한 능력을 가진 사람들도 있다—, 이 분야를 학문적 시스템에 접목하는 것도 불가능한 일은 아니다. 이때 상당히 강력한 느낌을 개념적으로 설명하는 것이 문제가 되는데, (간단하게 말하자면) 그것을 언어로 표현하기 위해 언어기관으로 선을 연결하는 문제다. 그러나 이 작업은 종종 엄청나게 어려운 과제이기도 하다.

그 밖에도 정식 학문이 골상학을 다루는 것을 더 이상 부도덕적인 것으로 보지 않을 때까지는 앞으로도 긴 세월이 걸릴 것이다. 사람들은 지금처럼 심리학에 상응해야 한다는 요구조건을 내걸 것이다. 하지만 그와 동시에 골상학자들을 마치 협잡꾼이나 되는 듯 보잘것없는 사람으

---

7) (옮긴이 주) 독일의 수학자(1790~1868).

8) (옮긴이 주) 독일의 의사이자 뇌 연구가(1758~1828). 뇌 해부와 뇌신경계에 업적을 남김. 특히 두개골과 얼굴 모습으로 사람의 재능과 특성을 알아낼 수 있다고 주장함.

로 취급할 것이다. 얼마 전까지 최면술 분야를 연구하는 사람을 본 것처럼 말이다. 그럼에도 불구하고 무의식적인 것을 부정하고 골상학자라고 자처하는 사람은 없고, 의식적인 것을 부정하고 골상학자라고 자처하는 사람 중에서 뛰어난 사람은 없다. 속담에 "그 사람의 코를 보면 안다"는 말이 있다. 이 말은 골상학을 학문으로 여기지 않는 사람도 사용하는데, 살인강도범과 같은 어떤 특정한 사람의 모습은 '골상학'을 들어 본 사람이 아니더라도 관심을 가진다. (…)

# 6장
# 해방된 여성들

## 여성 해방의 필요성과 남성성

(…) 한 여성의 '해방의 필요성'과 '해방 능력'이 전적으로 그녀가 갖고 있는 M이 차지하는 몫에 근거한다는 것이다. 해방이라는 개념은 그러나 다의적이다. 또한 이 개념의 불확실성을 더욱 증가시키는 것은, 이론적 견해를 받아들이고 싶지 않은 실용적인 의도를 가진 사람들의 이해관계 때문이었다. 이 사람들은 모두 해방이라는 말을 하면서 종종 실용적인 의도를 따라갔었다. 한 여성의 '해방된 정도'를 나는 그녀가 자기 집에서 군대식으로 통솔하고 남편이 감히 이의를 제기하지 못하는 것으로 이해하지 않는다. 그리고 밤 시간에 보호해 주는 동행자도 없이 불안한 지역을 지나가는 용기라고 보지도 않는다. 여성이 혼자 사는 것을 거의 허용하지 않거나 남자를 방문하는 것을 용납하지 못하는 전통적인 사회 형태를 무시하는 것으로도 보지 않는다. 뿐만 아니라 여성이 있는 데서 여성 자신이나 다른 여성들에 의해 성적인 테마가 언급되는 것을 금지

하는 것의 무시로도 보지 않는다. 마지막으로 독립적으로 살아가기 위해 직업을 찾는 것도 마찬가지다. 이를 위해 그녀가 상업학교나 대학 공부를 선택하든, 아니면 음대나 교대를 선택하든 말이다. 예외 없이 여성 해방 운동이라는 거대한 팻말 뒤에 숨겨진 것들은 아마도 이것보다 훨씬 더 많이 있겠지만 여기서는 일단 언급하지 않기로 하겠다. 내가 생각하는 해방은 남성과 외적인 동등함을 바라는 것이 아니라는 것이다. 여기서 문제가 되는 것은 여성 문제를 분명하게 하기 위한 시도인 '**내적으로 남성과 동등하게 되려는 여성의 의지**'다. 남성의 정신적, 도덕적 자유에 다다르려는 의지, 남성의 관심과 창조력에 다다르려는 의지다. 그래서 주장하게 되는 것은 이렇다. **W는 이러한 해방의 필요성도, 거기에 따른 능력도 전혀 없다. 실제로 해방을 위해 노력하는 모든 여성들, 어쩌면 정당하게 노력하고 정신적으로 어쩐지 뛰어난 모든 여성들은 지속적으로 남성적인 특징들을 보여 준다. 그리고 그 여성들을 자세히 살펴보면 해부학적으로도 항상 남성적 성격과 남성에 근접한 외모를 지니고 있음을 알 수 있다.** '여성들'도 포함되는 '성적 중간 단계'라고 불러도 무방한, 보다 두드러진 '성적 중간 형태들'에서 과거에나 현재에나 그러한 여성들이 나온다. 이런 여성들은 여성들의 위대한 업적을 증명하기 위한 여성 해방 운동에 노력했던 남성이나 여성 선구자들 사이에서 항상 이름이 언급되고 있다.

### 레즈비언

그 역사적 순서에 따를 때 첫 번째 여성인 사포(Sappho)[9)]는 '반대되는 성적 성향'을 가졌었다. 그래서 여성들 사이의 성관계를 말할 때 그녀의 이름을 따서 '사포적 사랑' 또는 '레즈비언적 사랑'이라는 말이 생겼다. (…) 왜냐하면 사포는 유명한 여성들의 목록에 들어 있으면서 동시에 동성애나 최소한 양성애를 느끼는 일련의 여성들 맨 앞에 서 있기 때문이다. 사람들은 문헌학적 측면에서 사포가 여성들과 우정 차원으로 승화된 사랑의 관계를 즐겼다고 하면서, 동성애적 의혹에서 사포를 정화해 주려고 대단히 열심히 노력했었다. 마치 이런 비난을 시인하면 한 여성의 품위를 도덕적으로 매우 심하게 손상시키기라도 하듯이 말이다. 동성애적 사랑이 이성애적 사랑보다 여성을 더 존중하는 것은 결코 아니다. 그 사실이 2부에서 더욱 분명하게 드러나게 될 것이다. 여기서는 한 여성이 레즈비언적 사랑으로 기우는 것은 그녀의 남성성에

9) (옮긴이 주) 고대 그리스의 여류 시인.

서 흘러나온 것이며, 이 경향은 그녀가 보다 높은 위치에 서 있는 조건이 된다는 것으로 족할 것이다. (…)

### W와 해방 : 남성을 모방해 보려는 욕구

해방이나 남성과의 동등에 대한 필요성이 남성적인 여성들에게서만 보인다면, W는 해방에 대한 필요성을 전혀 느끼지 않는다는 결론을 연역적으로 정당화할 수 있다. 비록 여기서 나온 이런 결론이 임시적으로 역사적인 개별 고찰에서만 나왔을 뿐 W 자체의 심리적 특성을 고찰해서 도출된 것이 아니라고 하더라도 말이다.

그러니까 자연적인 성향에 맞게 실행되고 있는 것을 (윤리적 관점이 아니라) 순수한 관점에서 보면, 다음과 같이 '여성 해방'을 평가할 수 있을 것이다. 여성 해방의 무의미함은 그것을 선동하는 운동에 있다. 남자를 친구로 삼으려는 공허한 모티브는 제외하더라도, 특히 이 운동에 잘못 이끌린 여성들은 남자를 모방해 보려는 커다란 욕구로 그렇게 연구하고 글을 쓰기 시작하지만 거기에 대한 근본적인 욕구는 결코 가져 본 적이 없다는 것이다. 실제로 어느 정도 내적 필요성으로 인해 해방을 추구하려는 여성도 다수 보이기 때문에, 교육을 받고자 하는 이런 여성들의 노력도 남성을 모방하려는 여성에 포함된다. 그래서 여자들이 대학에 가는 것도 유행이 되었고, 여성들 사이에서의 그런 어리석은 선전은 결국 훌륭한 주부들에게는 남편에 반대하는 목적을 가진 데모의 수단일 뿐이고 딸에게는 종종 어머니의 강압에 반대하는 도발적인 시위가 될 뿐인 것을 모든 사람들이 순수하다고 믿도록 만든다. (…)

지금도 보통으로 제기될 이의는 "여성이 아무런 제약 없이 정신적으로 완전히 계발할 수 있는 공간을 이 운동이 우선적으로 만들어야만 하기 때문에, 역사는 아무것도 증명할 수 없다"는 주장이다. 이런 이의는 '해방된 여성'이나 '여성 문제', '여성 운동'이 어느 시대에도(비록 시대마다 다양하고 활발하게 전개되었지만) 있어 왔다는 사실을 모르고 있다. 인문 교육을 받고자 노력하는 여성들을 언젠가 남성 측에서 어렵게 만들었기 때문에 이제 다시 교육을 받을 준비가 되어 있다고 주장하는 것은 문제를 엄청나게 확대한다.[10] 이런 이의 제기가 다시금 간과하고 있는 것은, '진정한 여성'은 오늘날 해방을 요구하지 않으며, 오로지 '보다 더 남성적인 여성들'이 자신들의 고유한 본성을 오해해서 여성의 이름으로 말한다고 믿으면서도, 자신들

---

10) 그 외에도 교육을 받지 않은 위대한 예술가는 많이 있었지만[번스(Burns), 볼프람 폰 에셴바흐(Wolfram von Eschenbach)], 이와 비교할 수 있는 여성 예술가는 없었다.

이 행동하는 동기를 제대로 이해하지 못하고 있다는 사실이다.

## 역사적으로 본 여성 해방 운동

역사상 모든 운동처럼, 현재의 여성 운동도 지금까지 없었던 최초이자 처음이라고 확신하고 있다. 여성 운동의 선구자들은 여성이 지금까지 암흑 속에서 허덕이고 속박당해 왔으며, 이제야 자신들의 천부적인 권리를 깨닫고 주장하기 시작하는 것이라고 가르쳤다. 다른 모든 역사적 운동에서처럼 여성 운동도 계속해서 그 유사성을 따라가 볼 수 있다. 고대나 중세에서도 사회적 문제로 여성 운동이 있었을 뿐만 아니라, 이미 오래전에 사라져 버린 시대에도 활동적인 여성들은 정신적인 해방을 위해 자신들의 업적 그 자체를 가지고 활동했으며, 여성을 옹호하는 남성이나 여성들은 이론적 논증을 가지고 활동했었다. 그러나 여성 운동가들의 투쟁에 열정과 신선함을 불어넣었던 그런 믿음은 모두 잘못된 것이다. 또한 최근을 제외하면 여성들이 자신의 정신을 계발해서 방해받지 않고 전개할 기회가 전혀 없었다는 믿음도 마찬가지다. 야코프 부르크하르트(Jakob Burckhardt)는 르네상스에 대해서 이렇게 이야기한다. "당시 위대한 이탈리아 여성들을 말할 때 가장 영예로운 것은, 그 여성이 남성적 정신과 기품을 가지고 있다는 것이다. 많은 영웅시에 나오는 대부분의 여성들이 취하는 완전히 남성적인 태도만을 주목할 필요가 있다. 어떤 특정한 이념이 문제가 된다는 것을 알려면, 특히 르네상스 시대의 이탈리아 시인인 보이아르도(Matteo Maria Boiardo, 1441~1494)와 아리오스토(Ludovico Ariosto, 1474~1533)의 작품을 주목하면 된다.[11] '남성적 성적 충동을 가진 여자(Virago)'라는 칭호가 요즘은 대단히 이중적인 특성으로 여겨지지만, 당시에는 순수한 명성이었다." 16세기에 여성들에게도 무대가 허용되어 최초의 여배우가 등장했다. "당시에는 여성이 남성들처럼 최상급의 교육까지 도달할 능력이 있다고 여겨졌다." 여성을 예찬하는 글도 차례로 나온 시기가 있는데, 토머스 모어(Thomas More)[12]는 여성을 남성과 완전히 동등하게 놓

---

11) (옮긴이 주) 아리오스토가 쓴《광란의 오를란도(Orlando furioso)》는 보이아르도의《사랑의 오를란도(Orlando Innamorato)》의 줄거리가 끊어진 부분에서 시작한다. 기독교 군(軍)과 회교도 군과의 파리 공방전을 배경으로 사라센의 왕녀인 안젤리카를 사모한 용사 오를란도가 실연을 당해 광란에 빠졌다가, 달나라로 날아가 정기(精氣)가 든 병을 얻어 온 친구 아스톨포의 도움으로 회복한다는 이야기를 담고 있다.

12) (옮긴이 주) 영국의 인문주의 학자(1477~1535).

기를 요구했으며, 아그리파 폰 네테스하임(Agrippa von Nettesheim)[13]은 여성을 남성보다 우위에 두기도 했다. 여성들이 그렇게 커다란 성공을 거두던 시기는 다시 사라지고 완전히 잊혔다가 19세기에 비로소 다시 거론되었다.

대단히 눈에 띄는 것은, 여성 해방 운동이 세계사적으로 어느 정도 일정한 시간적 간격을 두고 나타나는 것처럼 보인다는 점이다.

## 여성 해방 운동의 주기성

10세기, 15세기와 16세기, 그리고 지금 19세기와 20세기에, 그 사이에 있는 시기보다 훨씬 많은 숫자의 해방된 여성들과 보다 강한 여성 운동이 있었다. 여기서 어떤 가정을 내세운다면 너무 성급할지도 모르지만, 어떤 엄청난 주기성이 존재해서 주기적으로 돌아오는 기간에 그 사이에 있는 시기보다 '자웅동체'나 '성적 중간 형태'가 훨씬 많이 출생한다는 가능성만은 어쨌든 직시해야만 한다. 동물의 세계에서는 이런 것과 비슷한 주기성이 관찰되었다.

위와 같은 시기들은 우리의 관점에 따르면 '열성' 자웅이체들의 시대들일지도 모른다. 즉, 어떤 특정 시기에 다

13) (옮긴이 주) 독일의 신학자(1486~1535).

른 때보다 더 많은 남성적인 여성들이 태어났고, 이에 상응하듯이 반대편에서 같은 시기에 더 많은 '여성적인 남성'들도 세상에 태어나게 되었는지도 모른다. 이런 사실이 놀라울 정도로 들어맞는 것을 우리는 볼 수 있다. 몸집이 크고 마른 여성의 빈약한 가슴과 좁은 엉덩이가 아름답다고 가치를 인정하는 완전한 '독립적 취향'은 아마도 여기에 기인할 수 있을 것이다. 동성애처럼 최근 엄청나게 늘어난 '멋 부리는 현상(Stutzertum)'은 요즈음 훨씬 커져가는 '여성성(Weiblichkeit)'이 그 원인이 될 수도 있다. 오늘날의 성적 취향뿐만 아니라 미학적 취향도 '라파엘 전파(Pre-Raphaelite Brotherhood)'[14] 취향에 영향을 받고 있다는 사실에서 보다 깊은 원인을 찾을 수 있다. (…)

## 여성 운동의 전망과 근본적인 문제점

정신적 영역에 맞춰진 최근의 움직임에 대한 전망은 밝지 않다. 만약 몇몇 작가들이 진행되고 있는 인류의 발전을 완전히 성적으로 분리해 뚜렷한 '성적 동종이형'으로 받아들인다면, 출발할 때의 전망보다 훨씬 절망적이다.

---

14) (옮긴이 주) 19세기 중엽에 영국에서 결성된 화가 그룹. 인상파와 상징파의 선구가 되었음.

(…)

여성 해방이 만약 계속해서 그 목표를 항상 사회적인 것에만 두고 여성 종족의 역사적 미래에서만 찾는다면, 그리고 맹목적으로 자신들의 적이 남성과 남성에 의해 만들어진 법적인 제도에 있다고 잘못 생각한다면, 이런 우울한 운명이 어울릴 수도 있다. 그렇다면 아마존 군단이 만들어져야만 할지도 모르고, 그리고 그 군단이 만들어지고 나서 일정 시간이 지나면 언제나 다시 해체되듯이 결코 영속적이지 못할지도 모른다. 이런 점에서 르네상스 시대의 여성 운동이 흔적도 없이 사라진 사실이 여성 운동가들에게 교훈을 줄지도 모른다. 정신의 진정한 해방은 그렇게 크고 거친 군대로 성공할 수가 없다. 그 해방을 쟁취하기 위해서는 개인이 혼자서 투쟁해야만 한다. 그러나 누구와 맞서 싸운단 말인가? 여성 자신 안에 강력히 저항하며 버티고 서 있는 것에 맞서야만 한다. 여성 해방의 가장 강하고 유일한 적은 바로 여성이다.

이것을 증명하는 것이 2부의 과제다.

# 2부
# 성적 유형들

# 1장
# 남성과 여성

"사람은 모두 생긴 대로 행동한다."

—칼라일

남성과 여성을 단지 유형으로만 이해하고, 항상 새로운 화제로 논쟁이 벌어지는 복잡한 현실이 이 두 유형의 혼합 관계에서만 만들어진다고 인식함으로써, 현실의 모든 성적 대립을 연구하는 길이 훤하게 열리게 되었다. 1부에서는 실제로 존재하는 성적 중간 형태들을 다루었지만, 2부에서는 약간 일반화해서 다시 언급해야 한다. 그렇게 해야 여기서 도출된 원칙들을 생물학적 일반 원칙에도 적용할 수 있다. 이제 지금까지보다는 범위를 좁혀 인간을 관찰의 대상으로 삼아서, '내적 성찰 분석'을 심리-병리학에 집어넣지 않고, '성적 중간 형태' 원칙을 내세울 수 있는 중요한 부분으로 한정할 필요가 있다.

## 양성섹스와 유니섹스

식물이나 동물의 경우 자웅동체에 대해서는 이론의 여지 없이 완전히 증명되었다. 그러나 동물의 경우에서조차 자웅동체는 한 개체에 수컷과 암컷의 생식선이 (두 성이 완전히 중립적인 상태로 두 성의 중간 위치에 함께 있다기보다는, 두 성이 한 개체에 동등하게 분포되어 있는) 병렬적인 상태를 취하고 있는 듯이 보인다. 그러나 인간의 경우 심리학적으로는 최소한 동일한 시점에서 어쩔 수 없이 남성 아니면 여성이어야만 한다고 분명하게 주장할 수 있다. 그렇게 해야 모든 것을 '남성형'이나 '여성형'으로 여기는 것과 일치를 이룰 뿐만 아니라, 그 사람이 '남자'를 보충해야 되는지 아니면 '여자'를 보충해야 되는지가 나타나게 된다.[15] 소위 '동일한 형태의 성(Unisexualität)'은 그 이론의 중요성을 간과할 수 없는 다음의 사실로 가장 분명하게 증명된다. 즉, 두 명의 동성애자들 관계에서도 한 사람이

---

15) 양성애를 하는 어떤 여배우를 보면 수염이 약간 났고, 잘 울리는 저음의 목소리를 가지고 있다. 그리고 머리카락은 거의 없어, 어떤 양성애하는 남자가 이렇게 말하는 것을 들은 적이 있다. "그래요, 그 사람은 멋진 여성이지요!" '여성'은 바로 그 두 사람에게 각각 다른 성이지만 같은 성이기도 하다. 각 작가마다 '여성에게 있는', '다른 것'을 노래했지만 '같은 것'을 노래하기도 했다.

육체적으로나 심리적으로 남자의 역할을 맡게 되고, 관계가 좀 더 지속되면 남자 이름이나 그와 유사한 이름도 가지게 된다. 반면에 다른 한 사람은 여자 역할을 하고 여자 이름을 유지하거나 그러한 이름을 만들어 낸다. 더 흔하게는—아주 재미있는 경우인데—다른 여자들의 이름을 갖기도 한다는 사실이다.

### 사람은 남성 아니면 여성이다

그러니까 두 명의 여자 또는 남자 동성연애자의 성적 관계는 항상 한 명은 남자 기능을, 그리고 다른 한 명은 여자 기능을 충족하는데, 이것은 아주 커다란 의미를 가지고 있다. 남자-여자의 관계는 결정적인 곳에서도 뛰어넘을 수 없는 기본적인 것으로 나타난다는 것이다.

이런 모든 성적 중간 형태에도 불구하고 인간은 결국 남성 또는 여성이라는 두 성 중 하나다. 경험적으로 가장 오래된 이러한 이원화에는 (단지 해부학적으로 봐서도 아니고, 그렇다고 결코 구체적으로 형태학적인 자료들과 항상 정확하게 일치하는 것도 아니지만) 결코 소홀히 할 수 없는 깊은 진리가 숨겨져 있다. (…)

# 2장
# 남성의 성과 여성의 성

"여성은 자기 비밀을 털어놓지 않는다."

—칸트

"여성은 여성에 대해 말하지 말라."

—니체

## '성적 충동'의 차이

(…) 사람들은 지금까지 두 성의 차이를 남성이 여성보다 강한 성적 충동을 가지고 있는 데서 보려 했고, 다른 모든 문제도 그 차이점에서 이끌어 내려고 했다. 그 주장이 옳은지, 아니면 '성적 충동'이라는 단어로 실제로 측정할 수 있는 명확한 것을 나타낼 수 있는지는 무시하더라도, 그런 식으로 이끌어 내는 것이 원칙적으로 옳은가 하는 점은 아주 문제가 많다. 고대나 중세 시대의 이론인 여성의 '만족하지 못한 자궁', 그리고 남성의 '사정 불능(semen retentum)'의 영향에 관한 이론은 진실만 말해야 한다. 오

늘날 유행하는 '모든 것'은 단지 '승화된 성적 충동'이라는 말밖에 필요한 것이 없다. 그러나 모호한 연관 관계에 대한 예감만 갖고 체계적인 설명의 기초를 세울 수는 없다. 성적 충동의 세기가 강하든 약하든 그 정도에 따라 분명히 다른 특성이 있다는 사실은 어떤 식으로든 증명되지 않았다.

M의 성적 충동의 강도가 W보다 크다는 주장도 그 자체가 잘못된 것이다. 그 반대로도 주장할 수 있겠지만 그것도 잘못된 것이다. 사실은 남성들 가운데 섹스가 필요한 강도는 남성성의 강도가 같은 사람들이라도 차이가 난다. 마찬가지로 최소한 겉으로 보기에 여성들 가운데에서도 마찬가지다. 남성들에게는 내가 부분적으로 발견하는데 성공한 다른 이유가 있다. 그것은 아마도 다른 책에서 상세하게 다루게 될 것이다.

## 사정욕과 성적 접촉 충동

짝짓기 충동의 격렬한 정도는 일반적으로 알려진 것과는 다르게 성 사이에 차이가 없다. 알베르트 몰이 '성적 충동'이라는 개념에서 도출한 두 가지의 분석 요소인 '사정욕'과 성적 '접촉 충동'을 남성과 여성에 적용해 보면 그런 사실을 인식하게 될 것이다. 첫 번째의 사정욕은 많이 만들어져서 모여 있는 생식세포 때문에 느끼는 '불만감'에서 기인하는 것이고, 두 번째의 접촉 충동은 성적 보충을 원하는 개인이 육체적 접촉을 필요로 하는 것이다. M이 사정욕과 접촉 충동 두 요소를 모두 가지고 있는 반면 W에게 사정욕은 없다. 이런 사실에서, 섹스에서 W가 M에게 주는 것이 아니라 M만이 W에게 뭔가를 준다는 사실이 드러난다. 그래서 W는 여성 분비물뿐만 아니라 남성 분비물도 간직하게 된다. 해부학적 구조에서도 남성의 몸에 용기의 성격을 갖고 있는 남성 생식기의 중요함이 현저하게 나타난다. 자연철학적 결과에 당장 연결하지 않더라도 최소한 사정욕을 가진 남성성이 이러한 '형태적 사실'에서도 나타난다는 것을 알 수 있다. W에게 사정욕이 없다는 증거는, M의 3분의 2 이상이 거의 예외 없이 대부분 청소년 시기에 길든 짧든 한동안 자위를 한다는 사실이다. 이 '나쁜 버릇'을 여성 중에서는 가장 남성적인 여성들만이 즐긴다. W에게 자위란 낯선 행동이다. 내가 이렇게 주장을 하면 정반대되는 확신과 대립하게 된다는 것도 알고 있다. 그러나 모순같이 보이는 경험들에 대해 곧 충분히 설명할 것이다.

우선 궁금했던 W의 접촉 충동에 대해서 말해 보겠다. 이 충동은 여성에게 유일한 역할이기 때문에 가장 큰 역할을 한다. 그러나 그렇다고 해서 이 충동이 한 성보다 다른 성에서 더 크다고 주장할 수는 없다. 접촉 충동이라는 개념은 실제로 접촉하는 것을 말하는 것이 아니라, 누가 접촉하려는 사람이고 누가 접촉을 당하는 사람인지를 가리지 않고, 단지 옆에 있는 사람과 육체적 접촉을 하려는 필요성을 말한다. 항상 하고자 하는 의도가 행동하려는 바람과 연관되어 있듯이, 이 상태의 혼합은 모든 동물의 세계에서 M이 W에 대해서 항상 시도하려는 공격적인 부분을 담당한다는 사실에 기인한다. 미생물의 세계에서 동물이나 식물의 정세포도 난세포에 대해서 같은 역할을 한다. 그리고 착각에 빠지기 쉬운 것은, 목적을 달성하기 위해 수컷에 의해 감행되는 행동과 그 목적에 도달하려는 바람을, 일정 비율로 따라오는 규칙적인 결과로 보려는 것이다. 또한 이런 필요성을 충족하려는 분명하고도 역동적인 노력이 나타나지 않을 때 욕구가 없는 것으로 결론짓는 일도 잘못된 것이다. 그래서 사람들은 접촉 충동을 특히 남성적인 것으로 보고, 여성에게는 없는 것으로 보게 된 것이다. 그러나 이제 접촉 충동도 구분해야 한다는 것을 알게 되었다. 더 나아가서 성관계를 맺을 때도 M은 공격할(단어 그대로 받아들이든 비유적으로 보든) 필요성을, W는 공격을 받을 필요성을 갖고 있다. (…)

## 충동의 강도와 활동성

여성에게 특징적인 월경은 사정욕과는 다른 원인에서 발생한다. 이로써 실제적인 차이에 대해서는 처음으로 언급하게 되는 셈이다. 여성은 남성보다 성적으로 더 자극받기 쉽다. 여성들의 해부학적 민감함(예민함이 아니다)은 성적 영역에서 남성보다 훨씬 강하다. 이렇게 성적으로 쉽게 흥분할 수 있다는 사실은 여성의 경우 성적 흥분에 대한 바람으로 나타나거나, 아니면 원래는 아주 자극적인 자기 자신과 (겉으로 보기에) 전혀 다른, 그래서 접촉을 통한 흥분에 대한 극히 불안하고 강한 수치심으로 나타난다. 성적으로 흥분된 상태를 바라는 것은 쉽게 흥분된다는 것의 실제 표시이기도 하다. 이런 바람은 한 인간의 본성 속에 뿌리를 내리고 있는 운명이 결코 충족해 줄 수 없는 그런 바람들의 하나가 아니라, 그 반대로 전반적인 성향이 성적 흥분 상태로 너무 쉽게 넘어가고 싶은 것을 의미한다. 여성들은 이런 상태가 가능한 한 집중적이길, 그리고 가능한 한 지속적이길 고대한다. 이에 비해 남성들의 경우는 접촉 충동을 통해 도달한 사정욕으로 끝을 맺는다. 그러니까 여성의 자위행위는 말하자면 남성의 행동과는 다르다. 남성에게는 성적으로 흥분된 상태를 끝내려는 경향이 있다. 반면에 여성의 자위행위는 오로지 성적 흥분 상태를 이끌어 내어 상승시켜서 연장하려고 한다. 성적 흥분에 대한 수치심도 ― 그 수치심을 여성의 심리학으로 분석하는 것은 결코 쉬운 일이 아니라 가장 어려운 작업이다 ― 이와 관련해서 큰 약점이라고 확실하게 추론할 수 있다.

성적 흥분 상태는 여성에게는 자신들의 존재 전체가 최고로 상승한 것을 의미한다. **W는 언제나 그리고 철저하게 성적이다.** W는 성생활이나 짝짓기 영역에서나 종족 번식에서, 다시 말해서 남성과 자식과의 관계에서 완전히 '부풀어 오르고', 이런 일에서 자신들의 존재 의미를 완벽하게 충족한다. **반면에 M은 단지 성적이지만은 않다.** 실제로도 여기서 차이가 나는데, 사람들은 성적 충동의 다른 의도에서 그 차이를 찾아내려고 했었다. 그러나 성적 욕망의 강렬함과 넓은 폭을 가진 성적 흥분의 강도를 혼동하지 말았으면 한다. 그 폭 안에서 성적 바람과 염려가 남성과 여성을 채우고 있다. W가 성적 영역을 보다 넓게 몸 전체로 확장하는 것은, 성적인 두 극단 사이에 들어 있는 가장 어려운 의미의 특수한 차이를 만들어 낸다. (…)

## 성에 대한 인식의 차이

육체적이고 심리적인 관점에서 여성의 독점적이고 지속적인 성은 이제 다방면에 걸친 결과를 낳는다. 성이 남성에게 단지 보충물일 뿐 모든 것을 결정하는 요소가 아니라는 사실은, 남성으로 하여금 심리적으로 궁지에서 빠져나오게 해 줌으로써 그 성을 의식하게 만들어 준다. 그래서 남성은 자신의 성에 맞설 수 있으며, 다른 것으로부터 그 성을 떼어 낼 수 있다고 생각하게 된다. 여성의 경우는 성이 분출되는 것을 시간적으로 제한할 수도 없고, 성이 외적으로 보이는 데 위치해 있는 해부학적 기관 때문에 성과 관계가 없는 영역으로부터 성을 떼어 낼 수 없다. 그래서 남성은 자신의 성에 대해 알고 있는 데 반해, 여성은 자신의 성을 전혀 인식하지 못하기 때문에 자신의 성을 좋은 의도로 부정해 버릴 수 있다. **왜냐하면 여성은 바로 성이며, 성 그 자체이기 때문이다.** 이 말은 나중에 가서 논증해야 될 것을 미리 바로 말해 버리는 꼴이 되었다. 여성들은 단지 성적인 것과 관련되어 있기 때문에, 다른 모든 인식처럼 성을 인식하기 위해 필수 불가결한 '이중성(Zweiheit)'이 결여되어 있다. (…)

# 3장
# 남성의 의식과 여성의 의식

## 느낌과 감정

(…) 정신적인 삶 전체를 통일적인 것으로 보고, 그 정신적인 삶을 근본적으로 하나밖에 없는 원칙에 의해 움직이는 결과로 돌리려는 경향은, 경험에 바탕을 둔 심리학에서 무엇보다도 [외부의 자극으로부터 느끼는] **느낌**과 [내부로부터 우러나는] **감정** 사이를 연구하는 몇몇 학자들에게서 나타났다. 헤르바르트(Johann Friedrich Herbart, 1776~1841)는 감정을 '생각'에서 이끌어 냈으며, 호르비츠(Horwicz)는 반대로 감정에서 느낌이 발전된다고 보았다. 최근 주도적인 심리학자들은 이러한 일원론적인 연구가 희망이 없다고 강조했다. (…)

원래 분명하고, 맑고, 두드러진 느낌에는 모두 날카롭고 명확한 사고를 처음 말로 표현하기 전처럼 극히 짧은 '불분명한 단계'를 거치게 된다. 이와 같이 아직 익숙하지 않은 모든 연상 작용에도 짧게나마 시간이 필요하다. 이때 연상을 불러일으키고 있는 쪽으로 일종의 불분명한 감정이 생겨나고, 연상에 대한 일반적인 예감과 어떤 다른 것에 속한다는 느낌이 일어난다. 이와 비슷한 과정을 라이프니츠(Leibniz)가 연구해서, 앞에서 언급한 헤르바르트와 호르비츠의 이론과 관련해 어느 정도 잘 기술해 놓았다.

사람들은 대개 '쾌(快, Lust)'와 '불쾌(不快, Unlust)', 그리고 분트(Wilhelm Wundt)[16]의 주장을 포함하면 해결과 긴장, 안정과 흥분을 감정의 기본 형태로 보고 있다. 그렇기 때문에 느낌과 감정에 심리적 현상들을 도입하는 것은, 좀 더 분명해지는 과정, 즉 분명함의 바로 전 단계 영역에 속하는 현상들을 서술하는 데는 너무 범위가 좁아서 응용할 수가 없다. 그래서 나는 여기서 선을 분명히 긋기 위해 심리적 현상을 가장 일반적으로 분류하는 방법을 사용하려고 하는데, 아마도 잘 맞아떨어질 것이다. 그것은 아베나리우스의 분류인 '(본질적) 특성들(Elemente)'과 '성격들(Charaktere)'로 구분하는 것이다(이때 '성격'의 의미는 성격학의 대상과 아무런 관련이 없다).

16) (옮긴이 주) 독일의 심리학자(1832~1920).

### '특성들'과 '성격들'에 대한 아베나리우스의 서론

(…) 아베나리우스에게 '특성들'은 정통 심리학에서 말하는 '느낌', '느낌의 내용' 또는 '내용'을 뜻한다('흘낏 쳐다볼 때의 의식적이 아닌 감각적 인식'인 경우나 '과거 경험 인식의 재생 작용'의 경우다). 쇼펜하우어의 경우에는 '표상(Vorstellung)'이라고 하고, 영국에서는 '인상(impression)'이나 '생각(idea)'이라고 한다. 일상의 삶에서는 '일(Ding), 사건(Sache), 대상(Gegenstand)'이라고 한다. 또한 감각기관을 외부에서 자극하는 것이 있느냐 없느냐도 매우 중요한 새로운 사실이었다. 여기서 아베나리우스나 우리의 목적에 정말 부수적인 것은, 사람이 나무 전체를 '느낌'으로 관찰하거나 개별적인 잎이나 가지를 관찰하거나, 혹은 그것들의 색깔, 크기, 견실도, 냄새, 온도 등을 그냥 '단순한 것'으로 여겨 버리는 것 따위는 이런 분석에서 취급하지 않는다는 사실이다. 왜냐하면 만약 이런 식으로 계속 나가면 나뭇잎의 초록색은 이미 '복합체(Komplex)'라고 말해야 할지도 모르기 때문이다. (…)

그래서 특성들이 '녹색이다', '푸르다', '차갑다', '따뜻하다', '딱딱하다', '부드럽다', '달콤하다', '쓰다'라고 말한다면, 성격은 아베나리우스에 따르면 그 특성들을 드러내는 각각의 '색조(Färbung)'나 '감정의 색조(Gefühlston)'가 된다. '편안하다', '아름답다', '기분 좋다' 그리고 그 반대되는 말들뿐만 아니라, 아베나리우스가 심리학에 속하는 것으로 여겼던 '이상하다', '신뢰가 간다', '섬뜩하다', '끈기 있다', '특이하다', '안심할 수 있다', '낯설지 않다', '확실하다', '의심스럽다' 등등도 성격을 나타낸다. 예를 들어 내가 추측하고, 믿고, 알고 있는 것은 '특성'이다. 단지 추측될 뿐이고 믿을 수 없으며 알 수 없는 것은 심리적으로 봐서(논리적으로 봐서가 아니라) 어떤 '성격'이다. 그 성격 속에 특성이 들어 있다.

### 가장 초기 단계에서는 아직 구분할 수 없음

이제 정신적 삶의 단계로 왔다. (…) 심리적 현상들의 시작에는 모두 '특성들'이 나타난다는 말이다. 마치 애매모호한 배경처럼. 특성들은 '있는 그대로의 정리되지 않은 덩어리(rudis indigestaque moles)'인데, 반면에 '성격화하는 것'(대체로 '감정을 강조하는 것')은 최근에 전반적으로 활발하게 진행되고 있다. 이것은 사람들이 멀리서부터 주위에 있는 것들, 관목이나 장작더미 쪽으로 점점 가까이 다가갈 때 일어나는 과정과 비교할 수 있다. 그것으로부터 처음 느꼈던 원래의 인상과, '그것'이 원래 무엇인지를 전혀 모르고 있던 첫 번째 순간을, 그러니까 가장 강하게 불분명했고 불확실했던 그 첫 순간을 다음에 설명할 것을 이해하기 위해서 꼭 붙들고 있기를 부탁하는 바다.

이제 '특성'과 '성격'은 절대 서로 구분할 수 없게 되었다(아베나리우스의 설명을 긍정적으로 변형시킨 페촐트(Petzoldt)의 이론에 따르면 이 두 가지는 지속적으로 서로 떼어 낼 수 없다). 사람들이 빽빽하게 몰려들 때를 예로 들어 보자. 내가 한 얼굴을 주시하더라도 그 모습은 그 뒤로 몰려오는 많은 사람들에 의해 즉시 내게서 사라지게 된다. 그러면 나는 그 사람이 어떻게 생겼는지 생각도 나지 않아서, 그 특징만이라도 말하는 것이 불가능해 보인다. 그러나 그 질문은 내게 상당한 자극을 주어서, 혹시 그 얼굴을 이미 본 적이 없는지 불안하고 궁금해서 스스로에게 묻게 된다.

상당히 강한 감각적인 자극을 주는 어떤 여성의 머리를 어떤 남자가 '잠깐' 쳐다본다고 가정하자. 그러면 그 남자는 도대체 무엇을 봤는지 말할 수 없을 때가 종종 있다. 심지어 그 머리 색깔조차 정확하게 기억해 낼 수 없을 때도 있다. 그러나 그 상황은 눈의 망막이 (완전히 사진기에 비유해서 표현하자면) 1초도 안 되는 짧은 시간 동안 그 피사체에 충분히 노출되어 있었다는 것이다. (…)

**'해명'**

모든 학문적 발견이나 기술적 발견, 예술적 창조도 마찬가지로 이와 비슷한 어둠의 단계를 거치게 된다. (…) 완전한 혼돈에서 찬란한 밝음에 이르는 전체적인 과정은 어떤 분명한 입체 모양의 군상에서 그것을 덮고 있던 많은 젖은 천들을 하나씩 걷어 낼 때, 그림들이 차례로 이어져 나타나는 과정과 비교할 수 있다. 기념비를 제막(除幕)할 때 관중들은 비슷한 것을 경험한다. 예를 들어 내가 언젠가 한 번 들었던 멜로디가 기억나면 이런 과정은 다시 실행된다. 물론 너무 축소된 모습이기 때문에 거의 알아볼 수는 없지만. 모든 새로운 사고도 말하자면 이런 '전사고(前思考)' 단계를 거친다. 이때 기하학적인 형상물과 시각적인 환상, 안개처럼 흐릿한 형상들이 나타났다 사라진다. '흔들리는 형상들', 베일로 가려진 모습들, 은밀하게 유혹하는 마스크들이 나타난다. 이런 진행 과정의 시작과 끝은[나는 이런 완전한 과정을 '해명(Klärung)'의 과정이라고 부른다], 마치 아주 근시인 사람이 멀리 떨어져 있는 대상물들을 제대로 볼 수 있는 렌즈를 낀 상태와 끼지 않은 상태로 얻는 인상들과 같은 상태에 있다. (…)

## 헤니데의 개념

새로운 개념의 내용과 범위를 알기 위해서 '해명'의 전체 과정을 따라가야만 할지도 모른다. 이제 이어지는 내용은 단지 해명의 출발점에 불과하지만 중요하다. 게다가 해명의 과정을 실행하는 내용이 드러나는 첫 번째 순간에 아베나리우스가 주장하는 '특성'과 '성격'을 구분하는 것은 불가능하다. 발현된 모든 심리 데이터나 아직 그 두 가지를 구분할 수 없는 각 단계에 이 구분을 적용하는 사람은 독자적인 명칭을 삽입해야 할 것이다. 만약 그 명칭을 자신의 전체 작업에 적용할 자신이 없으면, 그 사람들의 유아기에 최초로 발현된 심리적 상태의 데이터를 위해 '**헤니데(Henide)**'라는 단어가 있다. 이 단어는 ἕυ(en, 하나)에서 나왔는데, 느낌이나 감정을 추상적으로 두 개로 나누어 분석할 수 있는 상태를 전혀 인식할 수 없기 때문이다.

절대적인 헤니데는 이 경우에 단지 경계 개념으로 볼 수 있다. 인간이 성년이 된 나이에 '구분이 되지 않는다'는 말이 어울릴 정도의 심리적 경험을 얼마나 자주 하게 되는지는 그렇게 빠르고 정확하게 알아낼 수 없다. 일반적으로 다양한 사람들에게서 대화 중에 다양하고 빈번하게 그런 현상이 나타날 때는 헤니데라고 불러도 상관없다. 즉, 어떤 사람이 아주 분명한 감정을 가지고 뭔가 분명한 것을 말하고 있을 때다. 그때 예를 들어 다른 사람은 이제 '그 분명한 것'이 사라져 버려 그것을 모르고 있다는 것을 깨닫게 된다. 그러나 나중에 연상 작용을 통해 문득 그것이 재생산되는데, 이것은 그 사람이 이전에는 능숙하게 말할 수 없던 것이라는 사실을 곧 알게 된다. 이런 현상은 같은 내용이지만 받아들이는 형태가 다르고, 성장 단계가 다르다는 사실을 증명해 주고 있다. 해명은 개인들의 전체 삶에서 이런 식으로 이루어질 뿐만 아니라, 각각의 내용에 따라 반복적으로 계속 실행되어야 한다. (…)

### 내용을 표현하는 데에서 남성과 여성의 차이점

**남성의 심리 내용은 표현된 형태에서 여성과 같다. 여성이 다소 헤니데적으로 사고하는 반면에, 남성은 이미 분명히 구분되는 생각으로 사고하고, 그런 생각이 말로 표현되고, 계속 사물을 구분할 수 있는 감정에 연결된다. W에게는 '생각하는 것'과 '느끼는 것'이 분리되지 않고 하나다. M에게 그것은 분리될 수 있다.** W는 아직 헤니데 형태로 많은 경험을 갖고 있지만, M에게는 벌써 '해명'이 나타난다.[17] 그래

17) 이때 여성에게서 절대적인 헤니데를 생각하거나 남성에게서 절대적인 해명을 생각해서는 안 된다.

서 W는 감상적이며, 여성은 '감동'은 알아도 '충격'은 모른다.

남성에게서 심리적 데이터가 더 많이 표현되는 것은 남성의 육체 구조와 얼굴 모습이 정말 여성스런 얼굴이나 관상에서 나타나는 부드러움, 둥근 모습, 우유부단함에 비해 훨씬 뚜렷하다는 것과 일치한다. 더 나아가 이런 관점으로 남성과 여성을 비교하는 민감성을 측정한 결과도 일치한다. 널리 알려진 대로, 남성의 경우는 평균적으로 감각적 느낌이 비교적 큰데, 유형들을 좀 더 자세히 관찰하면 그러한 차이는 더 크게 나타날 수도 있다. 유일한 예외는 행위 감각인데, 여성들의 예민한 촉각은 남성들보다 더 섬세하다. 이런 사실을 좀 더 자세하게 해석해 보는 것도 흥미롭지만, 나중에 가서 한번 시도해 보도록 한다. 이와 반대로 여기서 주의를 기울일 것은 남성이 고통을 느끼는 데 여성보다 비교할 수 없을 정도로 민감하다는 사실이다. 이런 사실은 '고통 감각'을 생리학적으로 연구하거나, 고통 감각과 '피부 감각'과의 분리를 연구하는 데 중요하다.

예민함이 무딘 것은 '내용'이 헤니데 단계 가까이에 머무는 데 분명히 유리하게 해 준다. 보다 적은 해명은 그 필연적인 결과를 해명해 줄 수가 없고, 그 결과로 아주 그럴

듯한 연관성만 보여 줄 수 있다. 여성이 생각을 보다 적게 표현한다는 확실한 증거는 남성이 더욱 분명하게 판단한다는 데 있다. 이러한 사실을 여성의 사고력에 분명함이 덜하다는 사실에서 이끌어 낼 필요도 없다(아마도 이 두 가지는 공동의 깊은 뿌리에 근거할 것이다). 그러나 이 한 가지 사실만은 분명하다. 즉, 우리가 헤니데 단계에 가까이 있는 한, 우리는 어떤 사실이 어떤 상황에 처해 있는지 자세히 모른다는 사실만 알고 있으며, 그 사실이 어떤 상황에 처해 있는지 알기 훨씬 전에 우리는 항상 그 사실을 이미 알고 있다는 것이다. (…)

# 4장
# 천부적 재능과 천재성

## 천재성과 재능

(…) 우선 '재능(Talent)'이라는 개념을 구분하는 것이다. 일반적으로 사람들은 천재성과 재능을 항상 다음과 같이 연결한다. 즉, 천재성은 보다 뛰어나거나 최고로 뛰어난 재능이며, 한 인간 안에 다양한 재능들이 최고로 증대되거나 누적됨으로써 파생되는 것으로 본다. 마치 그 둘 사이를 중개해 주는 변화 과정이 있는 것처럼 말이다. 그러나 이런 관점은 완전히 거꾸로 본 것이다. 물론 천재성에는 여러 정도의 차이도 있고, 그 천재성이 높이 증대되는 것도 다양하겠지만, 이러한 단계는 소위 '재능'이라는 것과는 전혀 관계가 없다. 예를 들어 수학적 재능과 같은 그런 재능은 태어날 때부터 뛰어난 정도로 가지고 있을 수 있다. 이런 사람은 수학의 가장 어려운 부분도 쉽게 자신의 것으로 할 능력이 있다. 그래서 이런 사람은 천재성이나, 천재성과 같은 의미로 쓰이는 독창성(Originalität)과 개성(Individualität), 그리고 창조성(Produktivität)의

조건을 소유할 필요가 없다. 반대로 뛰어난 천재적인 사람들도 있는데, 그들은 그렇다고 해서 특수한 재능을 최고의 수준으로 개발하지도 않았다. (…) 천재성은 재능과 세상 하나를 두고 떨어져 있는 어떤 것이며, 서로 재어 볼 수도 비교할 수도 없는 이질적인 본성을 갖고 있다. 재능은 유전적일 수 있어 음악가 바흐 부자처럼 가족의 공동 재산이 될 수도 있다. 그러나 천재성은 물려줄 수가 없다. 천재성은 아버지 요한 제바스티안 바흐(Johann Sebastian Bach)에게만 주어진 것처럼 결코 일반적이지 않고 언제나 개인적일 뿐이다. (…)

## 한 사람을 이해한다는 것

한 인간을 인식하고 묘사하기 위해서는 그 사람을 이해해야만 한다. 그러나 한 인간을 이해하기 위해서는 그와 비슷한 점을 가지고 있어야 한다. 그의 행동을 복제해내고 평가할 수 있으려면 그 사람과 똑같아야 한다. 그 사람들이 가지고 있던 생리학적 전제 조건들을 자기 안에서 똑같이 만들어 낼 능력을 갖고 있어야만 한다. 한 사람을 이해한다는 말은 자기 안에 그 사람이 들어 있다는 것을 의미한다. 사람들이 이해하려는 정신도 같아야만 한다. 그래서 사기꾼만이 항상 다른 사기꾼을 이해하지만, 아주 평범한 사람은 사기꾼을 절대 이해할 수가 없고, 계속해서 사기꾼을 자신과 같이 마음씨 좋은 사람으로만 생각한다. 거드름을 부리는 사람은 다른 사람들의 행동에 대해 거의 언제나 우쭐댄다고 말하며, 거드름을 부리는 사람을 평범한 사람보다 빨리 간파할 수 있다. 거드름을 부리는 사람은 평범한 사람조차 절대 믿지 않는다. 한 사람을 이해한다는 것은 그러니까 그 사람 자체가 되어야 한다는 것을 말한다.

따라서 모든 사람들은 자기 자신을 가장 잘 알고 있어야만 한다. 그러나 이 말은 어떤 면에서는 맞지 않다. 어느 누구도 결코 자기 자신을 잘 알 수 없다. 그렇게 하려면 자기 자신으로부터 빠져나와야만 하고, 인식과 바람의 주체에서 객체가 될 수 있어야 하기 때문이다. 그것은 마치 우주를 이해하는 것과 같다. 우주를 이해하려면 우주 밖에서 바라다볼 필요가 있기 때문이다. 그런 관점을 얻는다는 것은 우주의 개념에 따르면 불가능하다. 자기 자신을 이해할 수 있는 사람은 세계를 이해할 수 있다. (…) 인간이 자신의 가장 깊고 고유한 특성을 스스로 이해할 수 없다는 사실은 지금까지는 확실하다. 실제로도 그렇다. 다른 사람이 자신을 이해한다는 것은 항상 다른 사람들에 의해서 이해된 것이지 결코 자기 자신에 의한 것이 아니다.

더 자세히 말하자면, 다른 사람이란 자신과 유사성을 갖고는 있지만 다른 면에서는 전혀 닮지 않은 사람을 말한다. 그 사람에게 이 유사성은 관찰의 대상이 될 수 있어서, 다른 사람에게서 자기 자신을 인식하거나 자기 자신에게서 다른 사람을 인식하고, 서술하고, 이해할 수 있다. **한 사람을 이해한다는 것은 그러니까 역시 그 사람이 되는 것을 말한다.** (…)

### 이해와 인지

각각의 유명한 사람들이 갖고 있던 많은 가능성으로부터 이제 앞서 개발한 '헤니데' 이론과 연결되는 중요한 결론이 도출된다. 사람이 갖고 있는 성향은 그것이 무엇인지 인식하기 전에 우선 **감지**하게 된다. (…) 보통 사람들보다 훨씬 더 많이 이해하는 천재에게는 이런 점이 훨씬 자주 눈에 띈다. 다른 사람과 비교하면 그는 교활함을 쉽게 알아차린다. 게임에 빠져 있는 사람은 다른 사람이 게임에 흥미를 보이면 당장 알아차린다. (…) 복잡한 사람은 자기 자신보다는 다른 사람을 더 잘 알아볼 수 있다. 전제조건은 그가 다른 사람의 마음과 같은 마음이거나 그 이상으로 알고 있다는 것이다. 더 자세히 말하면, 그가 다른 사람과 같은 면과 반대되는 면까지 소유하고 있을 때를 말한다. 이 '이중성'이 다른 사람의 마음을 알아차리고 이해하는 전제 조건이다. 심리학에서 두드러지게 '의식하게 되는 것'의 가장 중요한 전제 조건에 대해 묻는다면, '대비(Kontrast)'가 필수적인 전제 조건이라는 답을 우리는 얻게 된다. 만약 단색으로 회색만 있으면 아무도 '의식'을 할 수 없을 것이다. 하물며 색의 개념은 더욱 가질 수 없다. 어떤 소리가 절대적으로 한 음에 불과하다면 사람들을 곧바로 잠들게 한다. 그래서 이중성은(빛은 사물을 나눠 놓기도 하고 구분하기도 한다) 깨어 있는 의식의 결과인 것이다.

그래서 어느 누구도 평생 동안 자기 자신에 대해 생각해 봐도 이해할 수가 없다. 그가 이해하는 사람은 항상 다른 사람인데, 자기와 비록 비슷한 점이 있지만 완전히 같지는 않고, 그와 반대되는 점도 같은 점만큼이나 갖고 있다. (…) 그러니까 **한 사람을 이해한다는 것은 그와 같은 면과 반대되는 면을 자신이 갖고 있다는 것을 의미한다.** (…)

### 천재의 보다 일반적인 인식

그러나 대부분의 사람들 중에는 어떤 사람은 이 분야에, 그리고 어떤 사람은 저 분야에 일방적으로 감각이 발달되어 있다. 어떤 사람은 모든 새들을 알고 아주 섬세하게 새들의 울음소리를 구별하기도 한다. 또한 어떤 사람은 아침 일찍부터 식물을 사랑스럽고 신뢰하는 눈빛으로 바라본다. 어떤 사람은 여러 층을 이루고 있는 지층의 퇴적물을 보고 감동을 느끼고, 성좌들을 보면 환한 미소를 짓는 사람도 있다. 그러나 괴테처럼 더 이상 그렇지 않은 사람도 종종 볼 수 있고, 칸트와 같은 사람은 엄청난 천체의 냉기의 불안한 예감에 체념한 듯 전율을 느끼기도 한다. (…) 천재 안에서는 모든 사람뿐만 아니라 모든 자연적인 것의 '일반성(Allgemeinheit)'이 자라난다. 천재란 대부분의 것들과 가장 밀접한 관계에 있는 사람이다. 그에게는 대부분의 것들이 눈에 띄고, 그가 파악하지 못하는 것은 아주 적다. 천재는 대부분의 것을 이해한다. 그것도 가장 깊이 이해하는데, 그가 그것을 아주 다양한 것들과 비교하고 수많은 것들과 구분할 수 있기 때문이다. 그리고 그것을 가장 잘 측정할 줄 알고, 경계를 가장 잘 구분할 줄 알기 때문이다. 그래서 천재적인 사람은 거의 모든 일을 대부분 의식하고 있다. (…)

그렇기 때문에 '보편성(Universalität)'이 바로 천재의 특징이다. 그래서 특수한 (분야의) 천재는 없다. '수학의 천재'도 없고, '음악의 천재'도 없고, '체스의 천재'도 없고 **단지** 보편적인 천재**만이** 있을 뿐이다. 천재적인 사람은 배우지 않고도 **모든 것**을 알고 있는 사람이라고 정의를 내릴 수 있다. (…)

# 5장
# 천부적 재능과 기억력

## 표현과 재생 가능성

(…) '느낌 복합체(Empfindungskomplex)'가 잘 형성되면 될수록 훨씬 재생산을 잘한다. 의식의 명료함은 기억의 첫 번째 조건이다. 의식을 자극하는 강도는 자극을 기억하는 것과 비례한다. "그것은 잊히지 않고 내게 남아 있어", "평생 그걸 생각하게 될 거야", "그것은 내게서 사라질 수가 없어"라고 사람들은 자신을 대단히 흥분시켰던 사건에 대해 말한다. 그리고 보다 똑똑히 인식하게 되었을 때나 중요한 경험을 더하게 되었던 순간에도 그런 말을 한다. 그러니까 의식의 내용을 재생산할 수 있는 것이 내용의 체계적인 분류와 관계있다면, 절대적인 헤니데 상태에서는 전혀 기억해 내지 못한다는 사실은 분명하다.

한 사람의 재능은 그 사람의 경험을 표현하는 것과 함께 자라나기 때문에, 재능이 많은 사람일수록 생각하고 행동하고 보고 듣고 경험하고 느꼈던 자신의 **모든** 과거를 기억할 수 있게 된다. 그래서 그 모든 것을 훨씬 더 확실하고 활발하게 자신의 삶에서 재생산하게 된다. 경험했던 모든 것에 대한 포괄적인 기억력은 가장 확실하고 일반적이며 가장 쉽게 알아볼 수 있는 천재의 특징이다. (…)

### 기억과 의식적 인식

여기서 바로 앞 장으로 되돌아가, 뛰어난 사람들의 경우 기억력이 특히 정확하다는 사실을 또다시 추론할 수 있다. 왜냐하면 유명한 사람일수록 더 많은 사람이나 더 많은 관심이 그 사람 속에 수집되므로 그의 기억력이 훨씬 폭넓어야만 하기 때문이다. 인간은 일반적으로 외부의 '자극을 수용하는(perzipieren)' 기회를 누구나 똑같이 갖고 있다. 그러나 대부분의 사람들은 무수히 많은 것에서 단지 아주 작은 부분만 '의식에 수용한다(apperzipieren)'. 그러나 이상적인 천재는 '자극을 수용하는' 양과 '의식에 수용하는' 양이 같은 존재여야 할지도 모른다. 그러나 그런 존재는 없다. 결코 의식에 수용하지 못하고 항상 자극만을 수용하는 존재는 사람이 아니다. 그래서 천재성이 가능한 정도도 있어야만 한다.[18] (…) 그러나 완벽한 천재성은 이상에 머물 뿐이다. 모든 것을 하나도 의식에 수용

---

18) 천재성은 '재능'과 아무런 관계가 없다.

하지 못하는 사람도 없지만, 모든 것을 모두 수용하는 사람도 없다(이런 사람은 완전한 천재라고 규정할 수도 있을 것이다). 의식에 수용하는 것을 습득이라고 한다면, 기억력은 재산으로서 크기나 확고함에서 서로 비례한다. 그래서 아주 불연속적으로 순간에서 순간으로만 살아가는 사람부터 (…) 완전히 연속적으로 살아가는 사람에 이르기까지(그에게는 모든 것이 잊히지 않고 남아 있다. 그만큼 그 경험이 그 사람에게 강하게 작용해서 그에게 인식된다. 그러나 이런 사람도 거의 존재하지 않는다), 기억은 끊이지 않고 이어진다. 최고의 천재조차 자기가 살아가는 매 순간마다 '천재적'이지는 않다. (…)

## 확고한 생각과 여성의 기억

시간적으로 개별적인 삶의 순간은 말하자면 재능 있는 사람의 기억 속에 은밀한 것이나 완전히 따로 떨어진 상황의 모습들로 주어져 있지 않다. 뿐만 아니라 마치 1이라는 숫자가 2라는 숫자로 나누어지듯, 한 인간의 여러 개체들이 순간순간마다 각각 개체가 되어 다음 순간의 개체와 따로 떨어진 개체로 나타나지 않는다. 오히려 스스로 관찰해 보면 의식이 줄어들어 기억에 공백이 생기는 잠자는 시간에도 개별 경험들은 믿을 수 없을 정도로 종합되어서 나타난다. 일어난 일들은 시계가 째깍거리듯이 이어지지 않고 단절이 없는 하나의 강이 되어 모든 것이 함께 일어난다. (…) 그들이 살아가는 것은 개울과 비교할 수 있을 뿐 도도하게 흐르는 강과는 비교할 수 없다. 천재의 경우 이 강에서 멀리 떨어진 지역으로부터 작은 물들이 모여 함께 흐르게 된다. 이 말은 어떤 경험도 보편적인 인식에서 제외되지 않는다는 것을 뜻한다. 오히려 개별적인 순간들을 모두 받아들인다. (…)

W는 대체로 기억의 등급을 마음대로 매긴다. 그것은 성적 충동과 종족 번식과 밀접한 관계가 있다. 연인이나 구혼자, 첫날밤, 자기 인형을 기억하듯 각각의 자식들, 무도회에서 받았던 꽃, 부케의 숫자와 크기와 가격, 자기에게 불러 준 소야곡, 자기를 위해 썼다고 상상하는 모든 시들, 자신을 감동시킨 남자들의 명언, 특히 (…) 살아오면서 그녀에게 행해진 모든 칭찬은 예외 없이 기억한다.

'진정한' 여성이 살아가면서 기억하는 것은 이것이 전부다.

그러나 사람이 결코 잊지 않는 것과 기억할 수 없는 것으로 그 사람의 본질과 성격을 가장 잘 알아볼 수 있다. (…) 여성들이 가장 어렸던 시절부터 받아 왔던 모든 칭찬이나 흠모, 감언이설, 모든 친절의 표시 등을 하나도 빠트리지 않고 믿을 수 없을 정도로 기억하는 데 대해서 많은 설명을 기대해도 좋다. 여기서 여성의 기억력을 성과 '종족의 삶'으로 제한한 것에 대해 분명히 이의를 제기할 수 있다고 생각한다. (…)

## 기억과 시간

우리가 유명한 사람들의 보편적인 기억력을 위해 만들었던 공식을 출발점으로 삼아 보자. 그에게는 이미 오래전에 현실성이 없어진 일이나 이제 막 사라져 버린 일이 모두 사실과 일치한다. 시간의 원소 자체가 사라져 버리듯 개별적인 경험이 정해진 순간과 함께 사라져 버리지는 않는다. 그렇기 때문에 이 경험이 특정 순간에 묶여 있는 것이 아니라 바로 기억을 통해서 그 사람에게서 빼내지게 되는 것이다. 즉 기억이 경험을 '시간을 초월한 것'으로 만드는 것이다. 그래서 기억은 이미 그 개념에 따라 **시간을 초월한 것**이다. 인간이 '지나간 것'을 기억할 수 있는 이유는 기억이 지나간 것을 시간의 영향에서 벗어나게 해 주기 때문이며, 일반적으로 자연에서 시간의 **기능**을 하는 사건들이 정신적으로 시간을 **극복**했기 때문이다. (…)

만약 개별 경험이 시간의 흐름에 내맡겨진다면 그 경험은 사라져 버려서 더 이상 기억을 통해 구해 내지 못할지도 모른다. 그래서 '의존적이고 유동적인 것'이 독립적인 것으로 인해 변하듯이, 그 경험도 시간의 흐름에 따라 변해야만 하고, 그래서 사람이 사건의 시간적 흐름 가운데 서 있게 된다면 그에게는 이 시간의 흐름이 전혀 눈에 띌 수도 없고 의식될 수도 없을 것이다-의식은 '이중성'을 전제로 한다-. 그래서 이 시간의 흐름은 결코 그 사람의 사고나 생각의 대상이 될 수 없을지도 모른다. 시간에 대해 골똘히 생각할 수 있기 위해서는 어떻게 해서든 시간을 극복해야 하고, 시간을 관찰할 수 있기 위해서는 어떻게든 시간의 저편에 있어야만 한다. 이런 사실은 어떤 특정 시간에만 적용되는 것이 아니라-격정에 사로잡혀 있을 때는 격정에 대해 생각해 볼 수가 없고 우선 시간적으로 그 격정에서 벗어나 있어야만 한다-시간의 일반적인 개념에도 마찬가지로 적용된다. **만약 시간을 초월하는 것이 존재하지 않는다면 시간에 대한 관조도 있을 수 없다.**

### 시간을 초월한 것으로서의 가치

시간을 초월하는 것을 알아보기 위해 우선 기억을 통해서 시간의 영역에서 실제로 빠져나오는 것을 생각해 보자. 어떤 개인이 관심을 가지고 있는 것이나 의미를 가지고 있는 것, 짧게 말해서 개인에게 **가치**가 있는 모든 것들은 그러한 것의 결과로 발생한 것이다. 어떤 사람에게 가치가 있음에도 불구하고 오랫동안 의식되지 못하던 물건들을 기억해 보라. **이 가치는 그 물건들에게 시간을 초월하게 해 준다**. 사람들은 그 사람에 의해 가치가 **평가되지** 않은 모든 것들을—종종 자기도 모르는 사이에—잊어버린다.

그래서 가치는 시간이 없는 것이다. 반대로 어떤 것에 시간의 기능이 적을수록, 시간이 흘러가도 적게 변하면 변할수록 더 많은 가치를 지닌다. 세상 만물은 시간을 초월한 것만큼 많은 가치가 비춰진다. **시간을 초월한 것들만이 긍정적으로 평가된다**. 비록 가치에 대한 가장 깊고 일반적인 정의도 가치의 본질을 완전히 드러낸 것이 아직 아니라고 생각되지만, 이것은 모든 가치 이론의 첫 번째 **특수** 법칙이다. (…)

인간은 자신이 죽은 다음에 대해서도 관심이 있다는 사실을 여기서 세워진 법칙이 실제로 설명해 준다. 가치에 대한 필요성은 사건들을 시간에서 독립시키려고 노력하는 데서 나타나고, 이러한 충동은 언젠가 '시간이 지나면' 변하는 것들, 예를 들어 부나 재산처럼 '지상의 재물'이라고 말할 수 있는 모든 것으로 확장된다. 여기에 재산을 상속하는 유언이 갖는 깊은 심리학적 동기가 있다. 이러한 현상은 가족들을 돌보는 데 이유가 있는 것이 아니다. 가족이나 친지가 없는 사람도 유언장을 만드는데, 일반적으로 확실한 것은 그가 가장으로서 자신의 흔적이 죽음과 함께 다른 사람들의 존재나 생각에서 완전히 사라지지 않는다는 것을 알고 훨씬 진지하게 이 행동에 몰두하는 것이다. (…)

### 가치에의 의지

첫 번째 결론은, 전술한 부분에서 무시간성에 대한 필요성, '**가치에의 의지**(Wille zum Wert)'가 인간이 활동하는 모든 영역에 존재한다는 사실이다. 이러한 가치에의 의지는 '권력에의 의지(Wille zur Macht)'와 그 깊이를 다투기에 전혀 손색이 없다. (…)

불멸의 필요성 자체는 시간을 초월한 것들을 긍정적으로 평가하는 일반적인 법칙의 특수한 경우에 불과하다. 여기서 기억과의 연관 관계가 설명된다. (…) 그래서 모순적으로 들리겠지만, **가치가 과거를 만들어 내는 것이다**. 긍정적으로 평가된 것만이 시간의 이빨 앞에서 기억에 보존된 채 남는다. 그래서 전체로서 개별적이고 심리적인 삶도 긍정적으로 평가되어야 한다면 시간의 기능이 되어서는 안 되고, 육체적인 죽음을 넘어 시간을 초월해서 영원히 지속되어야만 한다. 이것으로써 우리는 불멸의 필요성에 대한 가장 내적인 동기에 대단히 가까이 접근하게 되었다. (…)

불멸을 가장 강하게 요구하는 것에는 천재성이 들어 있다. 그리고 이 천재성은 지금까지 그 본질을 덮고 있던 다른 사실들과 모두 연결되어 있다. 기억은 다방면에, 보편적 재능을 가진 사람처럼 다면적, 보편적인 형태로 나타날 때만 시간과의 싸움에서 완전히 승리한다. 그래서 천재는 원래 시간을 초월한 사람인데, 최소한 이런 사람이 천재의 이상적인 모습이다. 그 천재가 불멸을 간절히 갈망하는 것이 막 증명해 주고 있듯이, 천재는 가장 강하게 시간을 초월하길 바라고 가치에 대한 가장 중요한 의지를 소유하고 있다.[19] (…)

---

19) 완전히 평범하고, 더군다나 야비한 천성을 가진 사람들은 죽음에 대한 공포를 전혀 느끼지 않는다는 사실에 사람들이 종종 놀라기도 한다. 그러나 죽음에 대한 공포를 느끼지 않는 것이 불멸의 필요성을 만들어 내는 것이 아니라, 불멸의 필요성이 죽음에 대한 공포를 만들어 낸다는 사실은 분명해진다.

# 6장
# 기억, 논리, 윤리

## 인간에게만 있는 기억

(…) 기억이 심리적 삶의 보다 낮은 영역과 혼동되지 않는 특성이 명백하다면, 기억은 전적으로 인간만이 소유하고 있는 것처럼 보인다. 그렇다면 보다 높은 차원의 것들, 예를 들어 가치 개념과 시간 개념, 동물에게는 어울리지 않는 불멸의 필요성, 인간에게만 가능한 천재성이 서로 긴밀한 관련을 맺고 있다는 것도 이상하게 받아들여지지 않을 것이다. 그리고 인간에 대한 통일적인 개념이나 인간만의 특별한 속성을 나타내 주는 인간성의 가장 심오한 본질이 있다면, 모든 다른 생명체에게는 기억처럼 존재하지 않는 바로 '논리적이고 윤리적인 현상들'이 기억과 어떻게든 연결되어 있다고 예상해야만 할 것이다. 이 관계를 이제 알아보려고 한다.

## 도덕적 의미

이런 목적을 위해서는 '거짓말쟁이가 기억력이 나쁘다'

는 잘 알려진 사실로부터 출발할 수 있다. '병적인 거짓말쟁이'의 경우에는 '거의 기억력이 없다'는 사실이 확실하다. 남자 거짓말쟁이는 말하자면 남자들 중에서 규칙을 만들어 내지 못하는 사람에 속한다. 이와는 반대로 앞에서 여성의 기억에 대해 말했던 것에 주목해 본다면, 방금 언급한 거짓말쟁이 남자가 기억력이 부족한 현상과 여성의 기억력을 나란히 세워도 될 것이다. 그래서 그렇게 많은 속담과 이야기에서, 그리고 문학 작품이나 사람들의 입에서 '여자의 거짓말을 조심하라'고 경고하지 않는가. 최소한의 기억력밖에 없는 사람은 자신이 말하고 행동하고 고통을 당했던 것들을 꼭 필요한 경우에만 의식으로부터 불러내게 되고, 그런 존재가 말재주를 부여받았을 경우에는 거짓말을 쉽게 할 수 있다. 만약 이익에 관계된 목표를 달성하는 문제가 걸려 있을 때는, 이러한 특성을 가진 사람이나 실제로 일어난 일이 확실하게 머리에 떠오르지 않는 사람이 뿌리치기에 너무나 힘들게 만드는 '거짓말을 하는 자극제'가 된다. 이러한 유혹을 더욱 강하게 만드는 경우는 이런 존재의 기억이 남자만이 알고 있는 지속적인 기억의 종류가 아닌 경우, 그리고 W처럼 소위 순간적으로 약삭빠르게, 불연속적이고 산만하게 살아가는 존재가 시간에 따라 발생한 사건들을 무시하거나, 시간의 흐름에 문제를 제기하는 대신에 시간에 따라 발생하는 사건에만 열중하는 경우다. 그리고 만약 그 존재가 M처럼 자신의 모든 경험을 그 경험을 보관하고 있는 통일된 기관과 연결해 이 기관이 그 경험들을 떠맡게 하지 않을 때도 그렇다. 그리고 모든 과거가 지속적으로 통일된 방식으로 귀속되는 통각 '센터'가 없을 때도 그렇다. 그리고 그 존재가 자신이 살아가는 생활이 모두 똑같다고 느끼지 않거나 그런 줄 모를 때도 그렇다. 누구나 자신을 '이해하지 못하는' 경우가 있다. 또한 아주 많은 사람들이 자신의 과거를 되돌아보면서 '심리적 주기성'이라는 현상과 연결하지 않을 때도 그렇다. 이것은 그들이 오래된 경험들을 보관하고 있는 기관을 현재의 자신과 쉽게 대체할 능력이 없다는 것이다. 그래서 그들은 이런저런 것들에 대해 당시에 어떻게 생각하고 행동할 수 있었는지를 이해하지 못하는 것이다. 그럼에도 불구하고 그들이 생각하고 행동했다는 것은 잘 알고 느끼고 있기 때문에, 최소한 그 점은 의심하지 않는다. (…)

### 논리학으로 넘어감

그래서 여기서부터 경계를 넘는 논리의 다리를 세우는 것도 가능해진다. (…) 어떤 존재의 기억이 심리적 · 논리적으로, 어떤 대상이나 사건이 시간의 흐름에도 불구하고 자신과 동일한 것이라고 판단을 내리기에 충분하지 못할 때, 그래서 예를 들어 긴 계산에서 나온 수학적인 몫을 자신과 똑같은 것에 적용하고, 삽입하고, 확정짓는 능력이 부족할 때, 이런 존재는 극단적인 경우 자신의 기억을 동원해서 무수히 나누어진 시간을 극복할 능력이 없을지도 모른다. 그 시간은 (심리학적으로) A에 대해 말할 때 A가 그다음 순간에도 A라고 말하거나, A=A라고 판단을 내리거나, 어떤 A가 그 사람의 머리에서 당장 사라지지 않는다는 전제에서 A가 아니라고 말하는 데도 어쨌든 필요하다. 그렇지 않으면 A는 A가 아닌 비(非)A가 될 수도 있으며, 좁은 인식의 통로 때문에 동시에 파악할 능력이 없어 실제로 구분할 수 없을지도 모르기 때문이다.

### 기억과 정체성의 원칙

이것은 사고의 단순한 장난도 아니고, 수학의 짓궂은 궤변도 아니며, 어디서 빌려 온 가정에서 도출한 어이없는 결론도 아니다. (…) 개념은 논리적 개념으로 시간을 초월하고, 내가 개념을 변하지 않는 심리적 주체로 생각하든 않든 상관없이 불변성을 유지한다. 그러나 인간은 개념을 결코 논리적인 개념으로 생각하지 않는데, 그것은 인간이 단순히 논리적인 존재가 아니라 '감각적 조건에 의해 자극을 받는' 심리적 존재이기 때문이다. 그래서 인간은 자기 생각 대신에 항상 자신의 개인적인 경험에서, 상호 간의 차이점을 해소하고 같은 점을 더욱 보강해서 만들어진 '일반적인 생각'('전형적', '함축적', '대표적' 생각)만을 할 수 있는 것이다. 이 일반적인 생각은 그러나 '개념적인 것'의 추상적 요소도 받아들일 수 있고, 놀랍게도 이런 의미에서 재활용될 수도 있다. 그러니까 인간은 실제로 불분명한 개념을 분명하다고 여기는 생각을 유지하고 보존할 수 있어야 한다. 이런 가능성은 다시금 기억을 통해서 인간에게 주어진다. 그래서 인간에게 기억이 없으면 논리적으로 사고하는 것이 불가능할지도 모르며, 항상 심리적 매체를 통해서만 구체적으로 나타나는 그런 가능성도 사라져 버릴 것이다.

논리적 기능을 연습시키는 능력도 기억과 함께 사라져 버린다는 사실이 매우 확실하게 증명되었다. 논리의 법칙들은 여기에 전혀 영향을 받지 않으며, 그것을 적용하는 힘만이 그 조건에 묶여 있음이 명백하게 드러났다. A=A라는 법칙은 $At_1=At_2$처럼 시간과 대립적으로 말해질 수는 있지만, 심리적으로는 항상 시간과 관계가 있다. 논리적으로는 이러한 관계가 그 법칙에 내재해 있지는 않다. 그러나 왜 그 법칙이 순수 논리적으로는 **특별한 판단**으로서 별다른 의미가 없는지, 그리고 이러한 심리적 배경이 왜 그렇게 많이 필요한지에 대해 이제 밝혀 보도록 한다. 그러니까 판단은 심리적으로 오직 시간과의 관계에서만 완성되며, 판단은 시간의 근본적인 부정으로 나타난다.

## 기억과 기본 명제

그러나 나는 앞에서 지속적인 기억이 시간을 극복하는 것으로서 시간을 파악하는 심리적 조건이라고 말했다. 그래서 지속적인 기억은 정체성에 대한 **논리적** 법칙의 **심리적** 표현으로 나타난다.[20] (…) 절대적 여성에게는 '**정체성의 원칙**(Principium identitatis)'이[그리고 **모순**(contracdictionis)과 **배중률**(exclusi tertii)**의 원칙**[21]도] **없다**.

그러나 이 세 가지 원칙뿐만 아니라 논리적 사유 법칙 중 네 번째인 **논증의 법칙**도 기억과 아주 밀접하게 관련되

---

20) 이것으로 기억에서 논리로 완전히 새로운 방법으로 과감하게 넘어간 것을 정당하게 증명했다고 기대한다.

21) (옮긴이 주) 배중률(排中律)은 형식 논리학의 사유 법칙 중 하나로, 어떤 명제와 그것의 부정 가운데 하나는 반드시 참이라는 법칙을 말한다. 제3의 가능성은 완전히 배제된다.

어 있는데, 이 법칙은 판단을 내릴 때마다 사유하는 모든 사람들에게 필수적으로 논증을 요구한다.

'논증의 법칙(Satz vom zureichenden Grunde)'의 핵심은 삼단논법의 원칙이다. 어떤 결론의 가정들은 심리적으로 항상 결론에 시간적으로 앞서 진행되는 판단들이고, 그 판단들은 사유하는 사람에 의해서도 확정되어야만 한다. 마치 개념들이 정체성과 모순의 원칙에 의해 동시에 보호받듯이 말이다. 한 인간의 논증들은 항상 자신의 과거에서 찾는다. 그렇기 때문에 그 사람의 사고를 완전히 지배하는 연속성은 인과관계와 아주 밀접하게 관련되어 있다. 논증의 법칙이 심리적으로 작동할 때마다 지속적으로 모든 정체성을 유지시켜 주는 기억이 전제된다. W는 이런 기억의 연속성을 잘 모르기 때문에 여성에게는 '**논증의 법칙**'이 없다.

그래서 여성은 논리를 갖고 있지 않다는 사실이 맞는다.

## 여성은 비논리적이고 도덕과 무관함

(…) 여성은 사람들이 모든 것에 대해 근거를 밝혀야만 한다는 것을 결코 납득하지 않는다. 왜냐하면 여성은 지속성이 없고, 생각한 모든 것을 논리적으로 보호해야 할

필요성을 느끼지 못하기 때문이다. 그래서 **모든** 여성은 너무 쉽게 믿어 버리는 경향이 있는 것이다. 그러니까 개별적인 경우에 여성들도 모순 없이 행동할 수 있다. 그러나 논리는 척도가 아니라 수단이며, 심판자가 아니라 대부분 사형 집행인이다. 만약 어떤 여성이 견해를 표명할 때 남성이 바보같이 이것을 진지하게 받아들여서 그것을 증명해 보라고 요구하면, 그 여성은 그런 요구를 전적으로 자신의 본성에 반한 것으로 여겨 불편해하고 부담스럽게 느낄 것이다. 그러나 남성은 자신의 생각을 표현했든 안 했든 상관없이 그 근거를 밝히기를 포기했을 때, 자신이 죄를 지은 듯이 부끄럽게 느낀다. 왜냐하면 자신에게 언제나 적용했던 논리적 규범을 준수할 의무가 있다고 느끼기 때문이다. 여성은 자신의 생각을 예외 없이 논리에 종속시키라는 무리한 요구에 대해 격분한다. (…)

여성이 하는 말에서 정말 논리성을 따질 때 가장 흔하게 발견할 수 있는 오류는 (…) '말을 바꾸는 현상', 즉 각각의 개념이 애매모호하게 사용된 경우인 '네 개념의 오류(quarternio terminorum)'일 것이다. 이런 오류는 여성이 '정체성의 원칙'과의 관련성이 부족한 관계로 어떤 특정 생각을 고수할 능력이 없기 때문에 나타나는 현상이다. 그 여성은 자신이 이 원칙을 고수해야 하는지조차 인식하지 못하며, 그녀에게 이 원칙은 자기 판단의 최고 기준이 아니다. 남성은 논리에 대한 의무를 느끼지만 여성은 느끼지 않는다. 그러나 남성의 이런 죄책감이 '인간은 항상, 그리고 영원히 논리적으로 생각하려고 노력한다'는 사실을 보증할 수 있다는 것이 중요하다. 다음의 말은 아마도 데카르트의 가장 심오한 사상일 것이다. (…) **모든 오류에는 책임이 있다.**

그러나 모든 오류의 원천은 살아가면서 항상 기억력이 부족한 데 있다. 그래서 진리에 대한 요구와 맥을 같이하고, 진리의 최고 가치와 만나는 논리와 윤리는 기억과 연결되어 있다. 플라톤이 인식과 기억을 연결한 것이 그렇게 부당하지 않다는 생각이 이제 든다. 기억이 비록 논리적이고 윤리적인 행동은 아니지만 최소한 논리적이고 윤리적인 현상이다. (…) 이에 반해 망각은 그 자체가 전부 부도덕적이다. 그래서 '경건함(Pietät)'은 '도덕적 명령(sittliche Vorschrift)'이기도 하며, **아무것도** 잊지 말라는 **의무**다. 이런 점에서 사람들은 죽은 사람들을 특히 추모해야 한다. 그렇기 때문에 사람들은 논리적이고 윤리적인 동기에서 같은 척도로 자신의 과거에 논리를 부여해서, 과거의 모든 시점을 통일되게 정리하려고 노력하는 것이다. (…)

## 지적인 것과 도덕적 양심

A와 비A가 서로 배척한다는 사실을 이해하지 못하거나 인정하지 않는 존재는 거짓말을 하는 데 더 이상 걸림돌이 없다. 오히려 그런 존재에게는 거짓말이라는 개념조차 없는데, 그것은 거짓말의 반대말인 진실이 그에게 척도로 주어져 있지 않기 때문이다. 그래서 그러한 존재는 언어 능력이 그에게 부여되었을 때 자신이 거짓말을 한다는 사실조차 모른 채, 또한 그 사실을 인식하지도 못한 채 거짓말을 할 수 있다. 그런 존재에게는 진실이라는 기준이 결여되어 있기 때문이다. "진실은 그 자신과 오류에 대한 기준이다(veritas norma sui et falsi est)." 어떤 여성이 거짓말을 하고 있다는 것을 알아차리고 그녀에게 "왜 거짓말을 하느냐"고 물을 때, 그녀가 이 질문을 전혀 이해하지 못하고 어리둥절해하며 그를 멍히 쳐다보면서 그에게 미소를 지으며 안심시키려고 하거나 심지어 눈물까지 내비치는 것을 볼 때처럼 남성에게 충격적인 것은 없다.

왜냐하면 기억만으로는 그 문제를 해결하지 못하기 때문이다. 남자들 사이에서도 거짓말은 널리 퍼져 있다. 실제 상황을 기억하고 있음에도 불구하고 다른 목적이 개입되면 거짓말을 할 수 있다. 자신이 훨씬 잘 안다고 의식하고 있음에도 불구하고 사실 내용을 왜곡하는 사람만이 원래 자신이 거짓말을 하고 있다고 사실대로 말할 수 있다. 진리의 이념은 논리와 윤리의 최고 가치를 가진 이념과 관계를 맺고 있어야만 한다. 그래야 다른 동기를 위해서 이런 가치를 은폐시킨다고 말할 수 있다. 이러한 가치가 존재하지 않는 곳에서는 오류나 거짓말에 대해 말할 수 없고, 기껏해야 '혼란한 상태'나 '부정직함'이라고 말할 수 있다. 그래서 반도덕적인 것이 아니라 무도덕적인 것이다. 그러니까 여성은 **무도덕적**이다.

여성이 진리의 가치 그 자체에 대해 절대 이해하지 못하는 데는 반드시 깊은 이유가 있다. 그러니까 원래 거짓말을 하는 사람은 남성뿐인데, 그런 남성도 마찬가지로 윤리적 · 논리적 기본 현상인 '진리의 필요성'과 '진리에 대한 요구'를 지속적인 기억으로부터 유도해 낼 수 없기 때문이다.

### '지적으로만 인식되는 자아'

한 인간과 한 남자를 진리의 이념과 제대로 연결해 주고, 그래서 그가 거짓말하지 않도록 해 줄 수 있는 것은 시간에 종속되어 있는 모든 것에서 해방되어 있는 것, 전혀 변하지 않는 어떤 것일 수밖에 없다. 이것은 지난 행동을 이전의 순간처럼 완전히 새롭게 실제적인 순간처럼 만들어 준다. 이것은 지난 행동이 지난 행동 그 자체로 남아 있기 때문인데, 어떤 행위가 일어났다는 사실에 대해 아무것도 변하거나 흔들리지 못하게 만든다. 이것은 또한 은밀하게 경험했던 것에도 똑같이 적용할 수 있어 비로소 '연속적인 존재'를 만들어 주는 것이나 같다. 또한 이것은 자신의 행동에 대한 책임감을 느끼게 해서, 아주 오래전에 일어났거나 최근에 일어난 모든 행위에 대해 사람들에게 책임을 지도록 해 주는 것이나 같다. 이것은 후회하는 모습이나 죄책감으로 이끌고, 지나간 일들을 영원히 같은 것으로 만들어서 현재의 것도 함께 고려하도록 만든다. 이런 생각은 어떤 공공의 판단이나 사회 규범이 도달할 수 있는 것보다 훨씬 정교하고 폭넓게 이루어지는 것이며, 사회적인 것과는 완전히 독립적으로 개인 자신이 스스로 실행하는 것이다. (…)

그렇다면 시간과 변화를 초월한 그것은 무엇이며, 저 '통각 센터'는 무엇인가?

"인간을 자기 자신(감각 세계의 일부로서)으로부터 벗어나게 하는 것, 인간을 오직 이성으로 생각할 수 있는 사물의 질서에 결합시키는 것, 동시에 감각 세계 전체를 자신의 아래에 두는 것은 결코 가치가 덜한 것이 아니다. 이것은 다름 아닌 인격(Persönlichkeit)이다."

이 말은 세상에서 가장 숭고한 책인 《실천 이성 비판(Kritik der praktischen Vernunft)》에서 따왔는데, 이 책은 모든 경험적 의식과 차별되는 '지적으로만 인식되는(intelligibel)' 자아를 도덕의 입법 기관이자 근원으로 보았다.

이것은 주체(Subjekt) 문제에 대한 연구와 관련이 있기 때문에, 주체가 다음 연구의 대상이 된다.

# 7장
# 논리, 윤리 그리고 자아

## 자아가 존재한다는 증거로서의 논리와 윤리

(…) 논리에서는 '정체성의 원칙'의 진정한 의미를 다룬다(그리고 모순도 다루는데, 여기서는 그중에서 정체성이 우선이라는 점과 그 사실을 가장 적합하게 표현한 형태에 대한 수많은 논쟁은 별로 다루지 않겠다). A=A라는 법칙은 이미 말한 대로 확실하고 분명하다. 동시에 이 법칙은 모든 다른 법칙들에 적용되는 진실의 가장 기본적인 척도다. 이 법칙에 대해 누가 이의를 제기하면서, 어떤 특수한 판단으로 한 주체에 대한 평가 개념이 주체의 개념과 모순되는 것을 자주 보여 주게 된다면, 우리는 그 척도가 틀렸다고 여길 것이다. 그러나 우리가 곰곰이 생각해 보면 결국에는 우리의 최종 판단 법칙으로서 이 법칙을 받아들이게 될 것이다. 이 법칙은 참과 거짓의 원칙이다. (…) 모든 진리의 원칙인 A=A는 그 자체로 특별한 진리가 될 수 없다. 정체성과 모순에 내용이 없다고 생각하는 사람은 자기 탓을 해야 한다. 이런 사람은 정체성과 모순 속에서 특

별한 내용을 발견할 것이라고 믿는다. 그러나 그가 기대하는 것은 실증주의적 지식에 자신의 기반을 확충하는 것이다. 그러나 그런 법칙들은 인식 자체나 특별한 사고 행위가 아니라 모든 사고 행위에 적용되는 척도인 것이다. (…)

## 논리 : 정체성과 모순의 명제들

정체성의 원칙과 모순의 원칙은 무엇과 관련이 있는가? 일반적으로 사람들은 판단과 관련되어 있다고 생각한다. 예를 들어 지크바르트(Sigwart)는 판단이라고 주장한다(그는 'A는 B이고, A는 B가 아니다'라는 두 판단은 동시에 참일 수 없다는 공식을 만들었다). "학식이 없는 사람은 학식이 풍부하다"라고 말하는 것은 그렇기 때문에 모순이다. 왜냐하면 술어인 '학식이 풍부한'은 주어를 꾸며주는데, 주어인 '학식이 없는 사람'에 함축적으로 들어 있는 판단에서는 주어가 학식이 없다고 주장하기 때문이다. 그래서 이것을 'X는 학식이 있다'와 'X는 학식이 없다'라는 두 가지 판단에 대입할 수 있다. 이런 논증에 심리주의가 눈에 띈다. 이런 논증은 시간적으로 '학식이 없는 사람'에 대한 개념 형성에 앞서 발생하는 판단에 이의를 제기한다. 그러나 'A는 비A가 아니다'라는 법칙은 정당성을 주장하는데, 다른 판단이 존재하는지, 존재했었는지, 앞으로 있을 것인지는 전혀 상관이 없다. 이 법칙은 '학식이 없는 사람'의 개념에 연결되고, 이 개념에 모순되는 모든 특징들을 배제함으로써 이 개념을 확실하게 해 준다.

### 핵심적 규범으로서의 논리적 공리인 A=A

그러나 사람들 사이에서 사상적 논쟁이 일어날 때마다 제기되는 문제는, 정의를 내릴 때 결국 마지막 기준으로 강조되는 핵심 규범이 바로 A=A이거나 A≠비A 법칙이라는 것이다. 다른 법칙이 아니라 바로 A=A 법칙을 통해서만 개념에 일정함과 명백함이라는 개념성이 주어진다. 논리적 공리들의 역할은 정체성의 원칙을 통해 개념 자체의 지속적인 불변성과 '그 자체로 완성됨(Insichgeschloessen)'이 보장될 만큼 널리 보편화되어 있지만, 반면에 정체성은 개념을 가능한 모든 다른 개념들과 분명하게 경계 지어 준다. 여기서 가장 상위에 있는 두 개의 논리 공리, 즉 바로 다음의 공리로 개념의 기능을 나타낼 수 있다는 것이 비로소 증명된다. A=A(그리고 A≠비A) 법칙은 일단 어떤 개념에나 적용 가능하며, 개념의 본질이 갖고 있는 핵심이자 개념의 '개념성'이다.

내가 이제 A=A 법칙을 말하면, 이 법칙의 의미가 어떤 특수한 A를 말하는 것이 아니라는 것이 명백해졌다. 다시 말해서 실제 경험이나 실제 생각에서 특별한 각각의 A 자체는 결코 같은 것이 아니라는 의미다. 정체성의 판단은 A가 존재하는지에 전혀 종속되어 있지 않다. 이 말은 그렇다고 해서 어떤 존재하는 사람이 이 법칙을 생각할 필요가 없다는 것은 물론 아니다. 그러나 그 법칙은 무엇이 존재하는지, 누가 존재하는지에 **상관없이 생각되는 것**이다. 그것은 만약 A가 존재하지 않아도(어떤 것이 존재하든 안 하든 상관없고, 아마도 전혀 존재하지 않을 수도 있다), A=A는 어쨌든 유용하다는 것을 뜻한다. 이로써 최종적인 하나의 입장, 즉 '하나의 존재함(ein Sein)'이 주어지는데, 말하자면 A=A는 존재한다는 것이다. A가 도대체 존재하는지는 비록 가정으로 남더라도 말이다. 그러니까 A=A 법칙은 뭔가가 존재한다고 주장하고, 이렇게 존재하는 것은 바로 핵심이 요구하는 규범이다. (…) 이 법칙이 객체의 존재와는 무관하게 어떤 '있음'을 주장하면서도 그 존재에 대해서 알려 주는 것이 없기 때문에, 실제로 가능한 모든 객체들의 존재와 상이한 존재일 수도 있다. 그러니까 그 존재는 그 개념에 따라서 '결코 객체가 될 수 없는 것의 존재'를 표현하는 것이다.[22] 그래서 그 법칙은 그 명확함, 즉 주체의 존재를 통해서 드러나게 된다. 그러나 정체성의 원칙에서 말해진 이 주체가 첫 번째 A나 두 번째 A 안에 있는 것이 아니라, 동일함의 표시와 같은 A=A 안에 있다. 이 법칙은 그러니까 '나는 존재한다(ich bin)'는 말과 동일하다. (…)

윤리와 관련해서는 보다 짧고 다르게 표현할 수 있다. 왜냐하면 이 연구가 전적으로 칸트의 도덕철학을 바탕으로 해서 세워졌고, 또한 칸트 철학의 논리적 연역과 주장도 알다시피 어느 정도는 윤리에 대한 유추를 통해서 이루어졌기 때문이다. 인간의 가장 심오한 본질인 '지적으로만 인식되는' 본질은 인과관계의 지배 아래 있지 않기

22) 그러나 이 증명은 대체로 인식론적 객체를 가지고, 어떤 임의의 A에 대한 정체성의 확인에 근거를 둔다는 사실을 알 수 있다. 이 정체성은 그 정당성 자체에서 확인될 수가 없다. 정체성의 원칙이 유용하다는 사실을 엄격하게 적용해서만 추론할 수 있는 '있다는 것'을 나는 여기서 방법론적인 이유에서 제외하려고 한다. 실증주의를 거부하는 데 이미 '있다는 것'에 대한 이런 증명은 경험의 저편에서 모든 경험과 무관하게 충분할 것이다. 이 있음은 자아가 있음이라는 사실에 순수 논리적 근거가 될 수 있는 것이 아니고, 원래는 논리적 규범이 인간에게 외부에서 주어지는 것이 아니라 자신의 마음속 깊은 곳으로부터 주어진다는 경험적 사실에서 나온 심리적 근거만이 될 수 있다. 그렇기 때문에 '절대적으로 있음'이나 '절대적인 것이 있음'은 A=A 법칙이 나타내듯이 동일시할 수 있다. 절대적인 자아는 절대적인 것이라고 말이다.

때문에 선과 악을 자유롭게 선택한다. 이와 마찬가지로 악은 죄책감이나 후회를 통해서 나타난다. 어느 누구도 이런 사실을 다르게 표현할 수가 없었다. 그리고 어느 누구도 이런저런 행동을 했어야만 했다고 변명할 수가 없다. 당위(當爲)에는 '할 수 있다'는 증거도 들어 있다. 인간을 끌어내리는 보다 낮은 동기인 인과관계에 따른 결정근거를 인간은 완벽하게 인식할 수 있다. 그리고 인간은 다르게 행동할 수도 있었던 자유로운 자아인 자신의 '지적으로만 인식되는 자아'에게 가장 확실하게 책임을 지우게 된다.

### 윤리와 논리의 관계

자신에 대한 진실, 순수성, 신의, 정직은 유일하게 생각할 수 있는 '윤리(Ethik)'다. 자기 자신에 대한 의무만 있는데, 그것은 지적으로만 인식되는 자아에 대한 경험적 자아의 의무라는 두 가지의 명령 형태로 나타난다. 이것은 논리적이고 도덕적인 법칙성의 형태로 나타나고, 이때 어떠한 심리주의도 쓸모가 없어진다. 규범적 자제, 시민의 교양 있는 행동 이상으로 요구하는 심리적, 내적 요구는 어떤 경험주의도 충분하게 해명할 수 없다. (…)

논리와 윤리는 그러나 근본적으로 하나이고 같은 것이

다-바로 자기 자신에 대한 의무다-. 그리고 그 두 가지가 진리의 최고 가치로 하나가 되었을 때 칭송을 받는다. 이 최고의 가치에 맞서는 것이 오류고 여기서는 거짓말이다. 그러나 진리 자체는 하나밖에 없다. 모든 윤리는 논리의 법칙에 따라서만 가능하고, 모든 논리는 동시에 윤리적 법칙이다. 미덕뿐만 아니라 인식도, 신성함뿐만 아니라 지혜도 인간의 의무이자 임무다. 이 두 가지가 함께 있을 때 비로소 '**완전함**(Vollkommenheit)'의 근거가 된다. (…)

### 칸트의 윤리 심리학을 위해

칸트가 스스로를 제한해서 가장 사소한 부분에 이르기까지 독자적인 삶을 살았던 것에서 나타나듯이, 그는 인간이 단지 자기 자신에게 책임을 진다는 확신에 차 있었고, 그래서 자신의 철학 중에서 이 부분을 최소한 논란의 여지가 없는 가장 자명한 부분이라고 간주했다. 그러나 바로 여기서 칸트의 침묵을 야기했던 문제는, 바로 성찰적, 심리적으로 버틸 수 있는 그의 윤리가 유일한 윤리라는 점이다. 그 윤리는 한 사람의 가혹하고 엄격한 내적 목소리를 많은 사람들의 소음으로 불분명하게 만들어서는 안 된다. 그래서 이 윤리가 실제로는 별로 이해되지 못했던 것이다.

또한 칸트의 '인류학'과도 연결할 수 있는 부분인데, 그가 살아가는 동안 '한 특성을 논증하는 것'보다 앞서 갔던 상황도 있었다. 그러나 그 순간 그는 엄청나게 빛나는 분명함을 얻었다. "나는 오로지 나 자신에게만 변명할 수 있고, 어느 다른 사람을 위해 반드시 봉사할 필요가 없으며, 일을 하면서 나 자신을 잊을 수도 없다. 나는 혼자이고 자유로우며, 내가 나의 주인이다." 이 순간을 칸트 철학의 탄생이자 세계사에서 가장 영웅적인 행동의 탄생이라고 말할 수 있다.

"두 가지가 언제나 새로운 놀라움과 두려움으로 우리 마음을 가득 채운다. 그것은 바로 내 머리 위에 별이 총총한 하늘과 내 안에 있는 도덕률로서, 더 자주 그리고 지속적으로 이 두 가지에 몰두하게 된다. 이 두 가지를 어둠에 싸여 있다고 추측하거나, 내 시야에서 벗어나 있는 터무니없는 것에서 찾으려 해서는 안 된다. 나는 바로 내 앞에 있는 이 두 가지를 보고 있으며, 내 존재의 의식과 직접 연결하고 있다. 첫 번째 것은 외부 감각의 세계에서 내가 차지하고 있는 장소로부터 시작해서 세계와 세계, 시스템과 시스템을 차례차례 연결해 감히 상상할 수 없는 크기로 확장한다. 게다가 그 세계의 주기적인 움직임, 그 시작과 지속은 시간을 초월해 있다. 두 번째 것은 나의 눈에 보이지 않는 자신, 즉 나의 인격에서 시작해서 진정한 무한의 세계 안에 있는 나 자신을 보여 주지만 내 이성에게만 감지될 수 있다. 그 세계는 이 세계와(그 때문에 동시에 가시적인 세계와) 내가 가시적인 세계에서처럼 그냥 우연히 연결되어 있다고 인식하는 것이 아니라, 일반적이고 필연적으로 연결되어 있다고 인식하는 세계다. 수많은 세계를 처음 바라볼 때는 짧은 시간 동안(사람은 왜 그런지 모른다) 생명력을 갖고 있다가, 자신을 이루고 있는 물질을 (우주의 한 점에 불과한) 행성에게 다시 돌려주어야 하는 동물적 피조물로서의 자기가치가 파괴되는 듯이 보인다. 그러나 다시 바라보면 이와는 반대로 내 인격을 통해서 지적인 내 가치가 무한히 고양된다. 내 인격 안의 도덕률이 동물적인 것과 모든 감각의 세계에서 독립된 삶을 내게 보여 주고, 적어도 이 도덕률을 통해 내 존재의 합목적적 용도로부터 그런 삶을 유추할 수 있게 해 주는 것이다. 그러니까 나의 합목적적 용도는 이러한 삶의 조건이나 한계에 제한되어 있는 것이 아니라 무한을 향해 있는 것이다."

이 결론에 따라 우리는 지금 이 《실천 이성 비판》을 이해하고 있다. 인간은 우주에서, 영원히 엄청난 고독 속에서 혼자 존재한다고 말이다. (…)

# 8장
# 자아 문제와 천재성

> 태초에 이 세계는 인간의 모습을 한
> 아트만(Atman)만 존재했다. 아트만이
> 주위를 둘러보니 자기 자신밖에 보이지 않았다.
> 그때 아트만이 처음으로 이렇게 외쳤다. "이것이
> 나로구나!" 그래서 '나'라는 이름이 생겼다. 그 후
> 오늘날에도 어떤 사람이 부르면, 우선
> "그것은 저입니다" 하고 말하고 나서,
> 자신이 갖고 있는 다른 이름을 말한다.
> (브리하다란야카-우파니샤드)

## 자아의 탄생 : 장 파울, 노발리스, 셸링

(…) 장 파울은 《내 삶에서의 진실(Wahrheit aus meinem Leben)》이라는 자서전 메모에서 이렇게 이야기 한다.

"시간과 장소를 말할 수 있는 내 자의식이 탄생했을 때, 내가 어디에 있었는지 아무에게도 말하지 않았지만, 내 안

에서 일어났던 현상을 나는 결코 잊지 못한다. 아주 어린 소년이었던 나는 어느 오후에 대문 밑에 서서 왼쪽으로 갑자기 내 내면의 얼굴처럼 보이는 장작더미를 바라보았다. 나는 하나의 자아다! 마치 번개가 하늘에서 내 머리 위로 치는 듯했고, 그 이후로도 계속 빛나고 있다. … 그때 내 자아가 처음으로 자신을 보았고, 그리고 영원히 보고 있다. 이 기억이 잘못된 것이라고는 거의 생각할 수가 없다. 왜냐하면 흐릿하지만 인간에게 더없이 신성한 일이 벌어진 사건에 어떤 다른 이야기도 추가로 섞일 수 없었고, 일상의 여러 부수적인 일 가운데에서도 그 참신함이 그대로 남아 있었기 때문이다."

추측건대《여러 가지 내용을 담은 단상들(Fragmente vermischten Inhalts)》에서 적고 있는 노발리스의 경험도 이런 것을 말하는 것 같다.

"이런 사실을 설명할 수는 없고, 각자가 스스로 경험해야만 한다. 이것은 보다 뛰어난 사람에게만 해당되는 보다 고차원적인 현실이다. 그래도 사람들은 그것이 자신 안에서 일어나도록 노력해야만 할 것이다. 철학을 하는 것은 위와 같은 방법으로 스스로와 대화하는 것이자 근본적으로 스스로를 드러내는 것으로, 이상적인 자아를 통해 현실의 자아를 자극하는 것이다. 그래서 철학하는 것은 모든 다른 계시들의 기초가 된다. 철학하기로 결심하는 것은 현실의 자아가 의식하고, 성장해서 정신이 될 것을 요구하는 것이다."

셸링은 《독단과 비판에 관한 철학적 편지(Philosophische Briefe über Dogmatismus und Kritizismus)》 중의 여덟 번째 편지에서, 별로 알려지지 않은 자기 초기 작품에 나오는 동일한 현상을 다음과 같은 심오하고 아름다운 말로 평가한다. "우리 모두에게 … 남이 모르는 뛰어난 능력이 있다. 그것은 우리의 가장 깊숙한 곳에 있으면서 시간의 변화에 따라 외부에서 추가된 모든 것으로부터 발가벗겨진 자신 안으로 우리를 끌어들이는 능력으로, 변할 수 없는 형태로 영원한 것을 우리 안에서 바라볼 수 있게 하는 능력이다. 이런 관조는 가장 은밀하고 근본적인 경험이며, 우리가 초감각적인 세계에 대해 알고 있고 믿고 있는 모든 것이 이 경험에 종속되어 있다. 이러한 관조는 우선 뭐라 말할 수 없는 어떤 것이 본래의 의미로 존재한다는 확신을 우리에게 준다. 반면에 그 나머지 모든 것은 그냥 보이기만 하고, 그것을 우리는 단어로 옮긴다. (…) 시간 속에 있는 것은 **우리**가 아니라 시간이다. **우리 안에** 있는 것은 시간이 아니라 순수하고 절대적인 영원이다. 우리가 객관적인 세계의 관조 안에 있는 것이 아니라, 그

객관적인 세계가 우리의 관조 속에서 힘을 잃는 것이다."

## 자아의 탄생과 세계관

경험주의자나 실증주의자는 이런 경험을 했다고 말하는 철학자를 '자신도 속아 넘어간' 사기꾼이라고 비웃을지도 모른다. 이런 비웃음에 어떻게 대처하기도 쉽지 않다. 지나치기는 하다. 그렇다고 셸링이 말하듯 모든 천재적인 사람들이 주체와 객체가 하나가 되는 경험을 똑같이 한다는 그런 신비적인 형태로 '고상한 형태의 실제 사실(Faktum hoher Art)'이 일어난다고 생각하지 않는다. (…) 주체와 객체, 시간과 영원이 하나가 되는 것, 살아 있는 인간을 통해 신을 바라본다는 것들은 가능하다고도 말할 수 없고 불가능하다고도 말할 수 없다. 인식론적으로는 자신의 자아가 경험하는 것을 가지고 아무것도 할 수가 없다. 그리고 아직 어느 누구도 그것을 체계적인 철학으로 활용하지도 못했다. 그래서 나는 어떤 사람에게는 이렇게 또 다른 사람에게는 저렇게 나타나는 '보다 고상한 종류'의 실재 사실을 '자기 자아의 경험(Erlebnis des eigenen Ich)'이라고 말하지 않고 단지 '자아-사건(das Ich-Ereignis)'이라고 말하겠다.

뛰어난 사람은 누구나 '자아-사건'을 알고 있다. 그가 어떤 여성을 사랑할 때 비로소 자신의 자아를 발견하고 자신을 알게 되었을 수도 있다[23] ─ 왜냐하면 뛰어난 사람은 그렇지 않은 사람에 비해 더 강렬하게 사랑하기 때문이다 ─. 아니면 다시 두드러진 차이에 힘입은 '죄의식'을 통해 자신의 보다 숭고하고 진정한 본질을 느끼게 되었을 수도 있다 ─ 왜냐하면 죄의식도, 뛰어난 사람은 그렇지 않은 사람에 비해 더욱 강렬하고 섬세하기 때문이다 ─. 혹은 '자아-사건'이 그를 우주와 하나가 되게 만들어서 신 안에 있는 모든 사물을 바라볼 수 있게 했을 수도 있고, 아니면 오히려 우주에 있는 자연과 정신 사이의 무시무시한 이원론이 그에게 나타나서 구원의 필요성, 내적 기적의 필요성을 그에게 불러일으켰을 수도 있다. (…) 세계관은 '뭔가 경험한 것'이다. 비록 세계관이 개별적으로는 많은 점에서 아직 불투명하고 모순적인 것을 고수하고 있지만, 전체로서는 분명하고 명료할 수 있다. 그래서 자아-사건은 모든 세계관의 뿌리가 된다. 즉, 전체로서의 세상에 대한 모든 관조의 뿌리란 말이다. 그것에 관해서는 예술가도 철학자 못지않다. 세계관들은 보통 서로서로 아주 극단적으로 나누어져 있지만, 하나의 세계관이란 이름을 얻을 가치가 있

23) 이 경우는 나중에(9장에서) 더 연구가 필요하다.

는 한[24] 하나의 세계관은 모든 세계관 속에 공동으로 깃들어 있다. 이런 사실은 바로 자아-사건을 통해 중재되는 것으로, 모든 뛰어난 사람들이 갖고 있는 믿음이다. 즉, 우주에서 홀로 있으면서 우주 전체에 맞서 세계 전체를 바라보는 하나의 자아 또는 하나의 영혼이 존재한다는 확신이 바로 그것이다.

뛰어난 사람은 자아-사건부터 고려해서 일반적으로 — 죽어 있다는 느낌과 같은 매우 끔찍한 느낌으로 중단되는 경우는 자주 올 수 있겠지만 — 영혼과 함께 살아가게 된다. (…)

## 천재 개념에 대한 최종 정의 : 소우주로서의 천재

천재성은 이미 말한 대로 그 이념에 따라 '보편성'을 담고 있다. 어쩔 수 없는 가정이지만, 완전히 천재적인 사람은 활기차고, 끊임없이 내적이고, 운명적인 관계를 맺고 있지 않는 것이 없을지도 모른다. 천재성은 보편적인 통각이고, 이와 동시에 완벽한 기억과 절대적 무시간성이

---

24) 그러니까 진화론의 중심에 서 있는 다윈주의와 단자론 시스템은 거기에 속하지 않는다. 우리 시대에 종족의 거룩함이나 짝짓기의 거룩함은, 사람들이 '후계 혈통론(Deszendenzlehre)'을 세계관이라는 말과 연결해서 염세주의와 대치시킬 때보다 더 분명히 드러날 수가 없다.

다. 그러나 뭔가를 통각할 수 있으려면 그것과 유사한 것을 이미 자신 안에 갖고 있어야만 한다. 그래서 자신과의 유사성을 갖고 있는 것만을 알아차리고, 이해하고, 붙잡는다(130쪽 이하 참조). 천재는 결국 아주 복잡한 일에 대해서도 가장 강렬하고, 가장 활발하고, 가장 의식적이고, 가장 지속적이고, 가장 통일적인 자아를 가진 사람이다. 자아는 어쨌든 여러 지점들의 센터이자, 통각의 통일체이고, 모든 다양함의 '종합'이다.

천재의 자아는 따라서 '보편적 통각(die universale Apperzeption)' 그 자체여야 하고, 자신 안에 무한한 공간을 담는 지점이 되어야 한다. 뛰어난 사람은 **자기 안에** 세계 **전체**가 들어 있어서, **천재는 살아 있는 소우주다**. (…) 천재는 모든 사람과 사물을 알고 있다. 자아 속에, 그리고 자아를 통해서 모든 심리적 현상들이 연결되어 있고, 이런 관계를 학문을 통해 직접 경험하게 되어 힘들이지 않고 영혼의 세계로 들어가게 된다. (…) 여기서 전체는 부분들 앞에 당당히 맞서 있다. 이렇게 천재의 자아는 마치 우주처럼, 아니 우주로서 살아가면서 자연과 모든 존재의 본성 전체를 꿰뚫어 본다. 여기서 천재는 연결되어 있는 것들을 바라볼 뿐, 단편적인 것들에서 어떤 것을 억지로 꾸며내지는 않는다. 그래서 뛰어난 사람은 일단 단편적인 것들에만 관심이 있는 단순한 심리학자가 될 수 없다. 심리학자들은 이 단편적인 것들을 얼굴에 땀을 흘리면서 연상 작용과 도관(導管) 등으로 결합하려고 노력한다. 세계가 원자와 분자로 이루어져 있는 단순한 물리학자들도 마찬가지다.

## 천재의 활동

천재가 지속적으로 살아가고 있는 '전체라는 이념'에서 천재는 부분의 의미를 인식한다. 천재는 모든 것에 가치를 부여한다. 이 이념에 따라 천재는 자기 안에 있는 모든 것이나 자기 바깥에 있는 모든 것에 가치를 부여한다. 그렇기 때문에 천재에게 전체는 시간의 기능이 아니라, 위대하고 영원한 사상으로 나타난다. 그래서 천재적인 인간은 동시에 심오한 인간이다. 그만이 심오할 수 있고, 심오한 인간만이 천재적이다. 그래서 그의 생각이 다른 사람들의 생각보다 실제로 더 많이 인정을 받는 것이다. 천재는 우주를 담고 있는 자기 자아 전체로 활동하는 데 반해, 다른 사람들은 이런 진정한 자아에 대해 결코 완전히 인식하지 못하기 때문에, 천재에게는 모든 것들이 의미가 있고, 모든 것이 뭔가를 의미하게 되어 끊임없이 그 속에서 상징들을 본다. 그래서 천재가 숨 쉬는 것은 모세혈관을 통해 산소와 이산화탄소가 교체되는 것 이상의 의미가 있다. 하늘의 파란빛은 빛이 나누어져 혼탁한 대기권에서 산란된 햇빛 이상의 의미가 있다. 뱀은 견갑(肩胛)이나 수족이 없는 파충류 이상의 의미가 있다. 지금까지 이루어진 모든 학문적 발견을 하나로 모아서 오직 한 사람에 의해 발견된 것이라고 말한다 해도, (…) 천재라는 칭호를 얻을 자격이 없다.

왜냐하면 그렇다고 해서 심오한 곳을 파고들어 간 것이 아니기 때문이다. 학자는 현상을 쉽게 이해할 수 있는 것으로 생각한다. 그러나 뛰어난 사람이나 천재는 그 현상이 의미하는 것을 이해한다. 천재에게 바다나 산맥, 빛과 어둠, 봄과 가을, 측백나무와 야자수, 비둘기와 백조는 상징들이기 때문에, 그것들에서 뭔가 심오한 것을 예감할 뿐만 아니라 인식도 한다. 전쟁의 여신이 말을 타고 달리는 것은 기압차 때문이 아니며, 도깨비불은 산소 함유량과 전혀 상관이 없다. 이 모든 것이 천재에게 가능한 것은 외부 세계가 자기 안에서 내부 세계와 풍부하고 강하게 서로 연결되어 있어서, 외부의 삶이 자기 내부의 삶의 어떤 특수한 경우처럼 작용하기 때문이다. 그래서 세계와 자아는 자기 안에서 하나가 되었고, 그는 경험들을 차례차례 법칙과 규칙에 따라 굳이 차곡차곡 쌓아 놓지 않아도 된다. 대단히 박식한 사람이라고 해도 이와는 반대로 분야별로 편집하기 때문에 총체성을 만들어 내지는 못한다. 그렇기 때문에 위대한 학자도 위대한 예술가와 위대한 철학자 뒤에 등장하는 것이다.

### 일반 사람과의 비교로 본 천재의 정의

우주의 무한함은 천재의 가슴속에 실제로 들어 있는 무한함과 일치한다. 그래서 그는 카오스와 우주, 모든 특이한 것과 총체적인 것, 모든 다양한 것과 통일적인 것을 자기 안에 담고 있다. (…)

**천재적이라고 부를 수 있는 사람은 세계 전체와 의식적으로 연결되어 살아가는 사람이다. 이때 그 천재적인 것은 인간 안에 있는 '본래 신적인 것'이다.** (…)

천재성을 소유하고 있다고 우리가 생각하는 사람은, 이미 보기 시작해서 다른 사람들의 눈을 열어 주는 사람이어야 한다. 그들이 그 천재의 눈을 가지고 볼 수 있다는 사실은 그들이 단지 문 앞에 서 있었을 뿐이라는 것을 증명해 준다. 중간 정도의 사람이라고 해도 모든 것과 직접적인 관계를 맺을 수 있다. 그러나 전체에 대한 그의 이념은 단지 예감하는 것에 불과해서 그 이념과 자신을 일치시키는 데 성공하지는 못한다. 그러나 다른 사람이 일치시킨 것을 나중에 경험함으로써 전체적 그림을 얻을 가능성이 그 사람에게 없는 것은 아니다. 그 사람은 세계관을 통해 우주와, 그리고 교육을 통해 가장 개별적인 모든 것들과 자신을 연결할 수 있다. 그에게 완전히 낯선 것은 하나도 없고, '영적 교감의 끈'이 세상의 모든 일에 그를 연결해 준다. (…) 동물과 식물도 태양이나 달과 관계를 맺을 수도 있다. 그러나 분명한 것은 그들에게 '별이 총총한 하늘'과 '도덕률'은 없다는 것이다. 이런 것들은 인간의 영혼에서 나오는 것으로, 그 속에 모든 총체성이 숨겨져 있다. 이 총체성 자체가 모든 것이기 때문에 모든 것을 바라볼 수 있다. 별이 총총한 하늘과 도덕률도 근본적으로는 같은 것이다. '정언적 명령'이 갖고 있는 보편주의는 우주의 보편주의이고, 우주의 무한함은 도덕적 의지의 무한함에 대한 상징일 뿐이다.

그래서 아그리젠토(Agrigento)[25]의 대마술사 엠페도클레스(Empedocles)[26]는 외부의 모든 원소는 우리들 자신 안에 간직되어 있는 그것과 동일한 요소에 의해서만 인지될 수 있다고 하며, 인간 안에 존재하는 소우주를 이미

---

25) (옮긴이 주) 엠페도클레스가 태어난 시칠리아 지방의 이름.

26) (옮긴이 주) 고대 그리스의 철학자(BC 490?~BC 430?).

이렇게 가르쳤다.

> 흙으로부터 우리는 대지를 보고, 물로부터 대양을 보며,
> 공기로부터 천공을 바라보고, 불로부터 세상을 태울 거대한 불을 보며,
> 사랑으로부터 선의를 보고, 또한 투쟁을 미움의 불화에서 보는 것이다.
> (Γαὶη μὲν γάϱ γαὶαν ὀπώπαμεν, ὕδατὶ δ'ὕδωϱ,
> Αἰτὲϱὶ δ'αἰτέϱα δῖον, ἀτὰϱ πυϱὶ πῦϱ ἀίδηλον,
> Στοϱγῆ δὲ στοϱγήν, νεῖχος δε τε νείχεῖ λυγϱῷ.)

그리고 플로티노스도 “태양으로 만들어지지 않은 눈은 태양을 볼 수 없다(Οὐ γαϱ ἄν πώποτε εἶδεν ὀφταλμὸς ἥλιον ἡλιοειδὴς μὴ γεγενημένος)”고 했고, 괴테는 이것을 모방해서 유명한 시를 쓰기도 했다.

> 눈이 태양처럼 빛나지 않으면
> 어찌 태양을 바라볼 수 있으리오,
> 우리 안에 신과 같은 힘이 없으면
> 어찌 신적인 것에 황홀해하리오.

인간은 자연에 있는 **모든** 것과 유일하게 관계를 맺고 있는 **바로 그런** 존재다.

어떤 사람 안에서 개별적인 것뿐만 아니라 많든 적든 간에 모든 것과의 이런 관계가 매우 강하고 분명하게 인식되고, 그 사람이 그 모든 것을 독자적으로 생각했다면, 그 사람을 사람들은 천재라고 부른다. (…) 천재적인 사람은 능동적인 소우주이고, 천재적이지 못한 사람은 잠재적인 소우주다. 천재적인 사람이어야 비로소 완전한 인간이다. 인간이라는 존재로서, 각각의 사람 속에 있는 (칸트적 의미에서의) '인간다움(Menschheit)'으로서 능력에 따라 존재하는 '역동적인 것(δυνάμει, dynamei)'은 천재적인 사람 안에서 '활동력(ἐνεργεία, energeia)'으로 완전히 계발되어 살아 숨 쉰다.

### 자유로서의 보편성

인간은 우주이고, 그렇기 때문에 단순히 우주의 일부처럼 다른 부분에 종속되어 있지 않다. 그래서 어떤 일정한 장소에서 자연의 법칙성 안으로 끼어 들어가는 것이 아니라 모든 법칙의 핵심이 된다. **바로 그렇기 때문에** 세계 전체가 우주 그 자체로서 제한되어 있지 않고 독립되어 있듯이 인간은 **자유롭다**. 뛰어난 사람은 자신을 망각하지 않기 때문에 모든 것을 기억한다. 망각은 시간의 기능에 따른 영향이기 때문에, 자유롭지 못하고 반윤리적이다. (…)

## 의무와 복종으로서의 천재성

이로써 천재성은 모든 면에서 '보다 숭고한 도덕성(höhere Sittlichkeit)'이라는 것이 증명되었다고 생각한다. 뛰어난 사람은 자기 자신에게 가장 정직한 사람일 뿐만 아니라, 자신에 대해 하나도 잊어버리지 않는 사람이고, 오류와 거짓말을 가장 혐오하고 참지 못하는 사람이다. 그는 또한 가장 사회적인 사람이며, 가장 외로우면서도 가장 공동생활을 좋아하는 사람이다. 보다 고상한 존재 형태로서의 천재는 지적일 뿐만 아니라 도덕적이다. 천재적 인간은 가장 근본적으로 인간의 **이념**을 드러낸다. 그는 인간이 무엇인지를 알려 주고, 영원히 변하지 않는 **주체**와 그 주체의 **객체**인 우주 전체가 무엇인지 알아낸다. (…)

'보편적인 통각(Universelle Apperzeption)', '전반적인 의식(Allgemeinbewusstsein)', '완벽한 무시간성(vollkommene Zeitlosigkeit)'은 '천재적인 사람들에게도' 이상에 불과하다. 천재성은 내적인 명령이지 결코 한 사람에게서 한 번이라도 완전하게 수행된 '사실(Tatsache)'은 아니다. 그렇기 때문에 제일 마지막에 '천재적인' 사람이 되며, 스스로 '나는 천재다'라고 쉽게 말할 수는 없다. 왜냐하면 천재성이란 그 이념에 충실하자면 인간의 이념을 완전하게 충족하는 것이기 때문이다. 그래서 '천재적이라는 것'은 모든 사람이 되어야 할 '어떤 것'이고, 그렇게 되는 것이 모든 사람들에게 원칙적으로 가능해야만 한다. 천재성은 최고의 도덕성이고, 그래서 모든 사람들의 의무다. 사람은 자기 안의 우주 전체를 긍정하는 가운데, 의지에 따르는 최고의 행동을 통해 천재가 된다. 천재성이란 천재적인 사람들이 책임을 떠맡았던 어떤 것이다. 그것은 최대의 과제이자 가장 강한 자부심이고, 최대의 불행이자 한 인간에게 가능한 최대의 환희다. 그래서 다음의 말이 역설적으로 들린다. "인간은 천재적이다. 자기가 원하기만 한다면." (…)

## 인간은 자기 자신의 창조자

칸트 스타일의 가장 숭고한 순간들을 연상시키는 조반니 피코 델라미란돌라(Giovanni Pico della Mirandola)[27]의 말로 이 장을 마치려 한다. 그 순간들을 이해하는 데 내

27) (옮긴이 주) 이탈리아 르네상스 시대의 철학자(1463~1494).

가 아마도 이 장에서 약간은 기여했을 것이다. 미란돌라는 〈인간의 품위에 대해(Über die Würde des Menschen)〉라는 연설에서 '신적인 것'이 인간에게 다음과 같이 말하게 한다.

"오, 아담이여, 나는 너에게 일정한 자리도, 고유한 면모도, 특정한 임무도 부여하지 않았노라! 어느 자리를 차지하고, 어느 면모를 취하고, 어느 임무를 맡고 싶은지는 너의 소원대로, 너의 의사대로 취하고 소유하라! 다른 모든 제한되어 있는 자연은 내가 정해 놓은 법칙 안에 묶여 있도다. 너는 그 자연을 너 자신에게 쌓이도록 하라. 어떤 장애에도 구애받지 말고, 너의 자유로운 의지에 따라서. 네가 너에게 부여하는 그 의지의 힘으로. 내가 너를 세계의 중심에 세웠으니, 너는 그곳으로부터 세상에 무엇이 있는지 더욱 잘 인식할 것이다. 나는 너를 하늘의 존재로도 지상의 존재로도 창조하지 않았고, 너를 죽을 운명의 존재나 불멸의 존재로도 창조하지 않았으니, 너는 자유롭고 품위 있는 창조자로서 그리고 너 자신의 조각가로서 네가 좋아하는 형태로 너 자신을 만들어 낼 수 있다. 너는 동물과 같은 보다 낮은 존재로 퇴보할 수도 있고, 너 자신의 의지로 신과 같은 보다 고상한 존재로 자신을 고양할 수도 있다.

오, 하느님 아버지는 얼마나 지극히 고결한 분이시며, 얼마나 놀랍고 지고한 인간의 행복인가! 인간에게는 자신이 원하는 바를 갖도록 하셨고, 자신이 되고 싶은 존재가 되도록 허락하셨다. 루킬리우스(Lucilius)가 말하듯, 동물은 어미의 뱃속에서 태어날 때 자신이 소유하게 될 것을 함께 갖고 나온다. 지고한 정신은 처음부터, 그리고 태어날 때부터 영원히 존재하게 되는 것이다. 인간은 하느님 아버지로부터 태어날 때 각자의 삶의 형태에 맞는 많은 씨앗과 싹을 갖고 태어난다. 각자가 그 삶의 형태를 육성하고 가꾸면 점점 자라나 자기 안에서 열매를 맺게 된다. 그 씨앗들이 식물성이라면 그는 식물이 될 것이고, 감각적이라면 동물이 될 것이다. 그것이 이성의 씨앗들이라면 그는 천상의 거룩한 생명체로 성장할 것이고, 그것이 영적인 씨앗들이라면 천사가 될 것이며, 하느님의 아들이 될 것이다. 만약 그가 이제 피조물의 운명에 만족하지 않고 자신을 하느님과 일치하는 중심에 세운다면, 만물 위에 유일하게 군림하시는 아버지 하느님의 고독한 어둠 속에서 하느님과 함께 하나의 영혼이 되어 만물 위에 우뚝 서게 될 것이다."

# 9장
# 남성 심리학과 여성 심리학

이제 본 연구의 원래 과제로 되돌아갈 시간이 됐다. 그 과제를 해결하기 위해 종종 그 과제와는 상당히 동떨어진 것들을 비교적 길게 삽입할 필요가 있었다.

여기서 개발된 기본 원칙들의 결과를 남성과 여성의 심리학에 적용하기에는 너무 극단적이어서, 지금까지 우리가 도출해 낸 것을 찬성하던 사람이라도 이런 결론에 거부감을 느낄 수 있을 것이다. 그래서 아직 이런 불안의 원인을 분석할 자리는 아니지만, 이 장에서는 어쩔 수 없이 상세한 증거를 가지고 여기서 세워진 테제에 대해 제기될 수 있는 모든 이의들로부터 이 테제를 지키려고 한다.

## 영혼이 없는 여성

문제가 되는 것은 바로 이것이다. 즉, 논리적이고 윤리적인 의식이(이 두 현상은 진리 개념에서 최고의 가치로 결합되어 있다) '지적으로만 인식되는 자아'나 영혼을 '최고의, 초경험적 현실성을 가진 존재'로 받아들이라고 강요한다는 사실이다. 논리적이고 윤리적인 의식이 결여되어 있는 W와 같은 존재는 그것을 받아들일 근거가 없어진다. 완전히 여성적인 존재는 논리적이고 도덕적인 명령을 모르며, 법이라는 단어, 의무라는 단어, '스스로에 대한 의무'라는 말은 아주 낯설게 들리는 말들이다. 그러니까 이런 사실이 여성에게는 초감각적인 개성이 없다는 결론과도 완벽하게 맞아 떨어진다.

**'절대적인' 여성은 자아가 없다.**

이것은 어떤 면에서 보면 모든 여성 분석에서 도출되는 마지막 결론이다. 이런 인식은 너무 간단명료하고, 냉혹하고 성급할 뿐 아니라, 역설적이고 너무 급격한 새로운 사실일지도 모른다. 그런 문제에서 이런 관점에 도달한 사람이 저자가 처음이라고는 생각되지 않는다. 이전에도 이와 비슷한 주장을 한 적이 있는지 알아보기 위해서는 그런 관점에 이르는 길을 독자적으로 다시 걸어가야 할지도 모른다. (…)

철학자 중에서는 특히 아리스토텔레스를 언급할 수 있다. 그는 아이를 만들어 내는 데에서 남성의 원칙은 능동적으로 형성하는 원칙인 '창조적 이성(Logos)'이며, 여성의 원칙은 '수동적 질료(die passive Materie)'로 나타난다고 주장했다. 만약 아리스토텔레스 철학에서 '형태(Form)'와 '엔텔레케이아(Entelecheia)'[28], 그리고 움직임의 원천을 갖고 있는 영혼이 서로 일치하는 것을 생각한다면, 비록 그의 관점이 임신되는 과정에 대해 말할 때만 나타나지만, 여기서 말한 관점에 그래도 매우 접근하고 있다. (…)

### 천재성이 전혀 없는 여성

그러나 인간의 영혼은 소우주이고, 뛰어난 사람들은 철저하게 영혼으로 살아가기 때문에(그런 사람들 안에 세계 전체가 살아 있다는 말이다), (…) 남성은 동물도 되었다가 식물도 되고, 심지어 여성도 될 수 있다. 그래서 여성적 남성, 여자 같은 남성이 존재하는 것이다.

**그러나 여성은 결코 남성이 될 수 없다.** 여기서는 이 책의 1부에서 제시한 것 중에서 가장 중요한 유보 조항에 대해 언급해야겠다. 많은 수의 남성들이 심리적으로 거의 완벽하게 혹은 반쯤 여성인 경우를 나는 잘 알고 있다. 반

28) (옮긴이 주) 목적을 체내에 지니고 있는 것, 질료 속에서 실현되는 형상.

면에 남성적 특징을 가지고 있는 아주 많은 여성들을 보았지만, 어느 한 여성도 근본적으로 여성적이지 않았던 적은 없었다. (…) 사람은 남성 아니면 여성이기 때문에 두 성의 특성을 그만큼 가지고 있을 수도 있다. 이런 존재는 연구를 시작할 때부터 문제시되어 왔는데, 이제 윤리와 논리와의 관계에 영향을 받게 된다. 그러나 심리적으로는 여자이면서 해부학적으로만 남자인 경우는 있지만, 육체적으로는 여자이지만 심리적으로 남자인 사람은 없다. 비록 이런 여자들이 겉으로는 많은 관계를 맺고 있어서 남성적인 측면을 갖고 있고, 그래서 비여성적인 인상을 불러일으킨다고 해도 말이다. (…)

### 여성의 뛰어난 '감수성'과 '공감각'

각각의 자아는 스스로 느끼고, 자신이 사고하는 내용을 인식하는 상태에 있다. 그래서 존재하는 것은 모두 의식이다. 그러나 헤니데 이론에 한 가지 중요한 설명을 첨가해야 한다. '남성의 사고가 표현된 내용'은 '여성이 펼쳐 내는 형태를 갖춘 사고의 내용'과는 다르다. 남성의 사고 내용은 현실성이 있을 뿐만 아니라(여성의 사고 내용은 잠재적이다), 처음부터 질적으로 다른 것들이 들어 있다. 남성의 심리적 내용은 초기 헤니데 단계에서도 그 단계를 극복하려고 계속 노력하기 때문에, 이미 '개념성(Begrifflichkeit)'에 도달해 있다. 그리고 남성은 아주 초기 단계부터 느끼는 모든 '느낌'을 개념화하려는 경향을 보인다. 그러나 여성 자체는 인식이나 사고에 개념적인 것이 전혀 필요 없다. (…)

여성의 사고에서 개념적 확실성이 부족한 것은 여성의 '날카로운 감수성(Sensitivität)'을 가능케 해 준다. 이 감수성은 어렴풋한 연상 작용에 무한한 권리를 부여해서, 아주 멀리 떨어져 있는 것도 자주 비교의 대상으로 끌어들인다. 거의 제약을 받지 않을 정도의 좋은 기억력을 가진 여성들도 '공감각(Synästhesie)'[29] 방식에서 결코 벗어나지 못한다. 예를 들어 공감각은 어떤 단어를 통해 어떤 특정한 색을 느끼고, 어떤 사람을 통해 특정한 음식을 기억한다. 이런 일들은 여성에게서도 실제로 충분히 일어날 수 있다. 이런 경우에 여성들은 자신의 주관적인 연상에 완전히 만족한 듯이 행동하고, 어떻게 해서 이런 비교가 떠올랐는지, 그리고 그 비교가 실제와 얼마나 가까운지 밝혀내려고 하지 않는다. 오히려 그 단어나 그 사람에 대한 자

29) (옮긴이 주) 타 감각기관의 자극을 수용하는 능력. 예컨대 특정 음을 들을 때 느껴지는 색감(色感).

신의 인상에 대해 더 적극적으로 분명하게 말하려고 노력한다. (…)

### 여성과 판단 기준으로서의 진리

사람들이 판단 현상의 보다 깊은 의미에 반대되는 예로 자주 거론하는 거짓말쟁이는 판단을 내리지 않는다('내적 언어 형태'가 있듯이 '내적 판단 형태'[30]도 있다). 그는 거짓말을 하면서 자기가 하는 말에 진리의 척도를 전혀 들이대지 않는다. 그리고 만약 그가 하는 말을 일반적으로 인정해 주길 강요하고 싶을 땐, 자신을 거기서 제외해서 객관적인 타당성을 얻는다. 자기 자신을 속이는 사람은 '내적 토론'에 앞서 자신의 생각이 정당한지 묻지 않는다. 대신에 '외적 토론' 앞에 그 정당성을 옹호하려고 노력할 것이다. 이러한 내적 조건은 모든 진술에 대한 최고 심판자로서의 진리 이념을 제대로 인정하는 것이기도 하다. 또한 이것은 이 심판자 앞에서 자신의 주장을 당당하게 펼치고 싶은 진정한 바람이기도 하다. (…)

그래서 여성들의 현실 감각도, 종종 반대되는 의견이

30) 이 표현은 빌헬름 예루살렘(Wilhelm Jerusalem) 박사가 한 말이다.

주장되기도 하지만, 남성들보다 훨씬 적다. 여성들의 인식은 항상 다른 목적을 따른다. 만약 이런 목적에 자신의 계획이 강하게 맞춰지면 여성들은 다른 것에 현혹되지 않고 아주 날카롭게 직시하게 된다. 진리가 자신에게 가치 있다는 사실을 결코 깨닫지 못한다. 그래서 착각이 종종 무의식적으로 자신의 바람과 일치하면 여성은 완전히 무비판적이 되며, 현실에 대한 모든 통제를 상실한다. 그래서 어떤 여성들이 성폭력의 위협을 받고 있다고 확신하는 것도 이런 사실로 설명할 수 있다. 그래서 여성에게는 촉각에 대한 환상이 엄청나게 많이 쌓이게 되는데, 그 환상의 현실성을 남성들은 쉽게 생각해 낼 수 없다. 왜냐하면 여성의 환상은 오류이자 거짓이고, 남성의 환상은 이와 반대로 예술가나 철학자처럼 보다 숭고한 진리이기 때문이다. (…)

### 반도덕성이 아니라 여성의 무도덕성

'절대적인' 여성의 비논리성과 무도덕성에 대한 증명은 부분적으로 연결될 수 있다. 여성의 심한 부정직함은 진리에 대한 이념과 관계가 없는 데서 발생하는데, 가치 평가와 함께 앞으로 상세하게 언급해야만 한다. 그래서 여기서는 다른 요소들을 제기하게 될 것이다. 그것은 끊임없이 나타나는 특별한 식별력과 조심성 많은 태도다. 왜냐하면 윤리적으로 유사한 것들이 수도 없이 많기 때문인데, 속임수적인 '도덕 복사' 때문에 여성들의 도덕성이 많은 사람들에 의해 남성들의 도덕성보다 계속해서 우월하게 평가되기도 한다. 나는 '무도덕적(amoralisch)' 행태와 '반도덕적(antimoralisch)' 행태를 구분해야 할 필요성을 이미 강조했었다. (…)

남성 범죄자는 다른 남자들과 마찬가지로 태어날 때부터 가치 이념과 관계를 맺고 있지만, 보통 남자에게는 범죄자를 지배하는 범죄 충동이 거의 없다. 여성은 이와 반대로 가장 비열한 짓을 저질렀다고 해도 자신이 완전히 정당하다고 주장하는 경우가 자주 있다. 진짜 범죄자는 어떤 비난에도 둔하게 침묵하는 반면에, 여성은 화를 내면서 자신이 이런저런 행동을 할 수 있는 권리를 사람들이 인정해 주지 않는다고 의아해한다. 여성들은 자기 자신은 법정에 세우지 않은 채 자신의 '권리'만을 확실하게 주장한다. 남성 범죄자는 자신의 행동에 대해 성찰하지도 않지만, 자신의 권리도 주장하지 않는다. 오히려 권리라는 생각에서 재빨리 피해 버린다. 왜냐하면 그 권리가 자신의 잘못을 상기시켜 줄 수도 있기 때문이다. (…) 이에 비해 여성은 자신을 고발한 사람이 악의를 품었다고 확신하고,

본인이 거부할 경우 어느 누구도 그녀가 옳지 못한 짓을 저질렀다는 사실을 그녀에게 납득시킬 수가 없다. 누가 그녀를 설복하려 들면 눈물을 흘리면서 '자신의 잘못을 인정하고', 자신의 잘못을 진정으로 뉘우친다는 경우도 물론 자주 일어난다. 그러나 그녀가 그렇게 하고 싶을 때일 뿐이다. 왜냐하면 울음을 터뜨리는 것이 그녀에게 어느 정도 만족감을 주었기 때문이다. (…)

**나는 여성이 악하고 반도덕적이라고 주장하는 것이 아니다. 내가 주장하는 것은 여성이 오히려 악할 수 없다는 것이고, 단지 도덕의식이 없고 뻔뻔스럽다는 것뿐이다.** (…)

## 여성의 동정심과 수치심

여성만이 다른 사람들에게 자신의 신세를 한탄하며 울기 시작해서 다른 사람의 동정심을 구한다. 이것도 여성이 심리적으로 부끄러움이 없다는 것을 보여 주는 가장 확실한 증거다. 여성은 다른 사람의 동정심을 자극하는데, 그것은 이 사람들과 함께 울고, 자신이 이미 스스로를 위로했던 것보다 더 많은 위로를 받기 위함이다. 그렇다. 내가 이렇게 주장해도 너무 과한 것은 아니다. 여성은 혼자서도 울지만, 언제나 다른 사람들과 함께 울면서 그 사람들에게 자신의 고통을 호소함으로써 많은 위안을 얻게 된다. '자기 자신을 위한 동정심'은 가장 두드러진 여성의 특성이다. 즉, 여성은 다른 사람들과 같은 줄에 서 있다가 다른 사람들로부터 동정의 대상이 된다. 그러고는 감정에 북받쳐서 '불쌍한 여인'인 자기 자신을 위해 다른 사람들과 함께 울기 시작한다. 이런 이유에서 남성들이 가장 부끄러움을 느끼는 것은 이처럼 주체가 실제로 객체가 되는 '자기 자신에 대한 동정심'을 자극하는 감정 변화를 느끼게 될 때다. (…)

여성에게 수치심이 없다는 것을 가장 확실하게 증명하는 것은, (…) 여성들이 서로서로 항상 거리낌 없이 모든 것을 털어놓는 데 있다. 이에 반해 남성들은 서로서로 벌거벗은 모습을 감추려고 노력한다. 여성들만 있으면 개개인의 육체적 매력을 열심히 비교하려고 한다. 그리고 종종 그 자리에 있는 모든 사람들을 자세하고 철저하게 관찰해 본다. 이런 조사는 음탕한 생각이 없으면 이루어지지 않는 것이다. 왜냐하면 남자들에게는 항상 이런저런 부분을 우월하다고 평가하는 가치가 무의식적으로 주요 관심사가 되기 때문이다. 개별적인 남성은 옆에 있는 남성의 나체에 전혀 관심이 없다. 이 반면에 각 여성은 다른 여성의 옷을 벗기는 생각을 한다. 바로 이런 사실을 통해 여성이 일반적으로 개인 사이에 수치심이 없음이 증명된다.

남성에게는 옆에 있는 남성의 섹슈얼리티를 생생하게 그려 내는 것이 불편하고 괴롭다. 여성의 생각 속에서는 당장 성적으로 연결하려고 하는데, 어떤 여성을 그저 소개만 받아도 이 여성을 그 관계 속으로 끌어들인다. 여성은 항상 다른 여성을 전적으로 그런 '관계'에 따라 평가한다. (…)

수치심이 없는 여성도 수치심이 있다는 인상을 줄 수도 있는데, 그것은 상처를 입을 수치심이 없기 때문이다. 그래서 여성은 마음만 먹으면 절대 벌거벗지 않거나 항상 벌거벗고 있을 수 있다. 여성은 진정한 나체의 느낌을 실제로 느끼지 못하기 때문에 결코 나체가 되지 않는다. 반대로 여성이 (객관적으로) 자신이 나체라는 것을 의식하려면 반드시 있어야만 하는 감정, 그래서 (자신의 몸을) 덮으려는 내적 자극이 될 수도 있는 다른 감정이 없기 때문에 계속해서 나체로 있을 수 있다. 옷을 입고 있어도 벗고 있을 수 있는데, 멍청한 눈에는 그것이 보이지 않는다. 만약 어떤 심리학자가 옷을 입고 있다는 사실을 근거로 전혀 벗고 있는 것이 아니라고 추론한다면 형편없는 의견일지 모른다. 여성은 비록 폭이 넓은 치마나 코르셋을 입고 있어도, 객관적으로는 계속해서 벗은 상태에 있다.[31]

## 여성들의 허영심

여성들의 자아는 여성들의 특수한 허영심에 근거를 두고 있다. 남성의 허영심은 가치에 대한 의지가 발산하는 것이다. 그 허영심의 객관적인 표현 형태인 민감함이 그 가치에 도달할 수 있다는 데 아무도 의문을 제기할 필요가 없다. (…) 그리고 여성의 자만심은 거기에 맞춰진다. 이것이 여성들에게 최고의 가치다. 그 말은, 여성은 육체적 아름다움에 집착해서 더 예뻐지려 하고, 인정받는 것을 중요하게 생각한다는 것이다. (…) 이 만족감은 못생긴 젊은 여성도 자신의 몸을 거울에 비춰 보고 자신을 만져 보면서 여러 신체 부위의 감각을 느껴 볼 때 나타나는 기쁨이다. 그러나 이런 자극을 원래 일으켜 주어야 하는 남성에 대한 생각이 여기서 이미 아주 강렬하게, 그리고 가장 자극적인 예감으로 나타난다. 이것은 여성이 비록 혼자이지만 결코 외로울 수 없다는 것을 다시금 증명해 준다. 다른 한편으로 여성의 허영심은 자신의 몸매를 다른 사람들이 감탄한다고, 더 정확하게 말해서 원한다고, 특히 성적으로 흥분한 남성이 원한다고 느끼고 싶은 욕구다.

---

31) 여기에 반대되는 이의와 여성의 수치심이 있다고 계속 제기되는 근거들을 이 연구는 당연히 각오하고 있다. 그 점에 대해서는 12장에서 말하게 될 것이다.

이런 욕구는 매우 강해서, 실제로 많은 여성들은 남성들이 이렇게 감탄하며 자신을 갖고 싶어 한다는 것을 같은 여성들이 질투해야 삶에 완벽하게 만족한다. 여성들은 그것으로 충분하고, 다른 필요성은 거의 없다.

여성의 허영심은 그러니까 끊임없이 다른 사람들을 신경 쓰는 것이다. 여성들은 머릿속에 다른 사람들만 생각하고 살아간다. 그리고 여성의 민감함도 남성의 이런 점과 관련이 있다. 여성은 다른 사람이 자신에게 못생겼다고 하는 말을 결코 잊지 않는다. 여성은 자신을 절대 못생겼다고 생각하지 않고 단지 조금 못생겼다고만 생각할 뿐이다. 그것도 다른 여성들이 남자들에게서 쟁취한 승리만을 생각하면서 말이다. 여성 중에 자신을 거울에 비춰 보면서 스스로 자신을 아름답지도 않고, 남자들이 관심도 없다고 생각하는 사람은 아무도 없다. 남성도 마찬가지지만, 여성도 자신이 못생겼다는 것이 아주 고통스런 현실은 결코 아니다. 여성은 끊임없이 자신과 다른 사람에게 그 사실을 속이려고 노력한다.

### 자기가치의 결여

그럼 여성 타입의 허영심이 어디서 나오는 것일까? 그것은 언제나 절대적이자 긍정적으로 평가하는 '지적으로 인식되는 자아'가 결여된 것과 관련이 있다. 이 허영심은 또한 자기가치가 없음을 말해 준다. 여성들은 자기 자신과 타인에 대한 '자기가치'가 없기 때문에 평가의 대상이 되려고 할 뿐만 아니라, 평가하는 쪽으로부터 감탄과 욕망을 불러일으킴으로써 다른 사람들을 위해, 그리고 다른 사람들 앞에서 가치를 획득하려고 노력한다. (…) 여성들은 자신의 가치를 항상 다른 데서 도출한다. 자신의 돈이나 재산, 화려한 옷의 숫자, 극장 좌석의 급, 자신의 자식들, 특히 자신을 좋아하는 남자들, 자신의 남편이다. 여성이 다른 여성과 싸울 때 항상 마지막으로 내세워 상대에게 가장 심한 상처를 입혀서 가장 확실하게 자존심을 상하게 하는 방법은 사회적 지위가 상대적으로 높다거나, 재산이 더 많다거나, 명성이나 지위가 높다거나, 그리고 좀 더 젊어 보인다거나, 자기 남편을 좋아하는 여자들이 많다는 것을 내세우는 것이다. 이에 반해 무엇보다 남성 자신에게 최고의 치욕은 자신의 가치를 공격할 때 스스로의 가치를 지키지 못하고 다른 것을 내세울 때다. (…)

여성이 부끄러움을 모르고 냉혹한 것은 사랑받기를 좋아한다고 말할 수 있는 데서 표현된다. (…) 여성은 자신이 사랑받고 있다는 것을 다른 여성들 앞에서 과시하고 자랑하면서 이들의 부러움을 사고 싶어 한다. 여성은 어떤 사람이 자신에게 애정을 느낀다는 것을 남성처럼 느끼지 않는다. 남성은 실제적인 가치를 평가하면서, 그 여인의 본질을 깊이 이해하는 것으로 느낀다. 그러나 여성은 이런 애정을 자신이 가지지 못한 어떤 가치를 부여받는 것으로 느낀다. 그럼으로써 그 여자에게 처음으로 존재와 본질이 부여되어, 다른 사람에게서 합법적으로 인정을 받는다.

### 칭찬에 대한 기억

이로써 앞 장에서 문제가 되었던 칭찬에 대한 여성의 놀라운 기억력도 저절로 해명된다. 이런 기억을 여성이 아주 어린 시절에 경험했음에도 불구하고 말이다. 칭찬을 통해 여성은 비로소 가치를 얻기 때문에 여성들은 남성들에게 '정중(galant)'하기를 요구한다. 여성에게 가치를 부여하는 가장 적당한 형태는 남성이 여성에 대해 특히 친절한 것이다. 그 칭찬이 남자에게 그렇게 힘들지 않으면, 그만큼 여성에게 그 칭찬은 큰 값어치를 가진다. 여성은 칭찬을 결코 잊지 않으며, 늙어서도 그런 의미 없는 기분 좋은 칭찬을 먹고 산다. 사람들은 자신에게 가치가 있는 것만을 기억한다. 만약 그렇다면 여성들이 칭찬에 가장 적합한 기억력을 소유하고 있다고 생각할 수 있다. 여성들이 가치의 순수한 척도를 모르며, 자기 자신을 제외하고 모든 것을 거부하는 절대적 가치를 스스로 느끼지 못하기 때문에, 칭찬은 여성들에게 가치를 부여할 수 있는 것이다. (…)

## 여성과 남성의 정신적 삶

영혼, 인품, 성격은 그러나—이 점에서 쇼펜하우어의 무한히 깊이 뿌리박힌 통찰력이 있다—자유 의지와 일치하거나, 최소한 자아가 절대적인 것과 관계있을 때 자아의 의지를 담고 있다. 여성에게는 자아가 결여되어 있어서 어떤 의지를 소유할 수가 없다. 자신의 의지나 보다 고상한 의미의 성격이 없는 사람만이 다른 사람과 함께 있는 것만으로도 쉽게 영향을 받을 수 있다. 대부분의 여성들이 그러하듯이 자신의 의견을 가지고 있는 것이 아니라 다른 사람에게 기능적으로 종속되어 있다. 여성은 최고의 실험 대상이고, M은 그녀에게 최고의 최면술사인 것이다. (…)

어떤 동물의 세계에서나 W는 M보다 훨씬 쉽게 최면에 걸린다. 그리고 다음의 사실은 최면현상이 가장 일상적인 현상들과 아주 가깝다는 것을 밝혀 준다. 즉 (내가 여성들의 동정심에 대해 종종 의문을 제기했듯이) W는 웃음이나 울음을 얼마나 쉽게 '따라하는가'! 신문에 난 모든 것이 여성들에게 얼마나 큰 인상을 주는가! 얼마나 쉽게 가장 멍청한 미신의 제물이 되는가! 이웃 여자가 추천한 어떤 놀라운 수단을 당장 실험해 보는가! (…)

### 남성의 성격과 여성의 성격

여성 사고의 불분명함에 비해 남성 사고의 분명함은 이미 오래전부터 인식되었다. 그다음으로 확고한 논리적 판단을 나타내는 분명한 담화의 기능과, 남성의 '성적 성격(Sexualcharakter)' 같은 것이 여성에 영향을 미친다는 점도 지적되었다. 그러나 W를 성적으로 자극하는 것이 M의 특성이어야만 한다. 마찬가지로 남성 성격인 '불굴의 의지'도 여성에게 성적으로 인상을 주며, 여성은 다른 사람에게 굴복하는 남자를 무시한다. 사람들은 이런 경우에 남성에게 미치는 여성의 도덕적 영향을 자주 언급하곤 하는데, 그때 여성은 자신이 '보충해 주는 특성들' 가운데 하나인 '성적 보충'을 완벽하게 유지하려고 노력하는 것뿐이다. 여성들은 남성들에게 '남성성'을 요구하고, 만약 남자가 이 점에서 여자의 기대에 어긋나면 여자는 극도로 화를 내고 남성을 멸시해도 된다고 생각한다. 비록 여자들이 애교를 떨고 거짓말을 일삼아도, 남자가 애교나 부리고 그에게서 진심이 느껴지지 않으면 격분하기도 한다. 여성 자신은 비겁해도 괜찮지만, 남성은 자신의 용기를 증명해야 한다고 요구한다. 이런 것이 여성 자신의 '보충'을 온전히 즐기려는 '성적 이기주의'에 불과하다는 사실을 보통 사람들은 깨닫지 못한다. (…)

**그러나 이제, 어떤 여성이 스스로에게는 영혼이 없는데 어떻게 남성에게서 영혼을 수용하고, 여성 자신은 무도덕적인데 어떻게 남성의 도덕성을 판단할 수 있으며, 여성은 개인적이지만 성격이 없는데 어떻게 남성 성격의 강도를 파악하고, 여성이 자신의 의지를 소유하지 않는데 어떻게 남성의 의지를 느끼게 되는 것일까? (…)**

# 10장
# 모성(Mutterschaft)과 매춘(Prostitution)

지금까지 서술한 것에 대해 제기될 수 있는 반론은 내가 말한 것들이 모든 여성들에게 일반적으로 적용될 수 있는지에 관한 것들일 것이다. 몇몇 혹은 많은 여성들에게 적용될 수는 있겠지만, 그렇지 않은 다른 여성들도 있다는 그런 반론일 것이다. (…)

## 어머니와 창녀

내가 여성들에 대해 말했던 것 중에서 가장 나쁘고 뻔뻔한 것에 대해 '어머니로서의 여성'은 이의를 제기하게 될 것이다. 그래서 이 사실에 대해서는 논의가 필요하다. 이런 여성과 정반대로 실현될 가능성이 있는 극단적인 것을 내세우지 않고는 이런 여성들의 반론을 어느 누구도 공격할 수 없다. 왜냐하면 '어머니 유형'만이 분명한 경계를 지을 수 있고, 그래야만 어머니의 특성들이 다른 낯선 특성과 뚜렷한 대조를 이룰 수 있기 때문이다.

어머니와 극단적으로 반대편에 위치해 있는 유형이 바

로 창녀다. 이렇게 대비를 할 수밖에 없는 것은 남성과 여성이 서로 대비되는 것처럼 쉽게 추론할 수 있다. 사람들이 남녀의 대비를 그냥 그렇게 생각하기만 하고 증명하지 않는 것처럼, 어머니와 창녀의 대비도 그렇게 바라봐야만 하고, 이 관계가 이 틀 안에 잘 맞는지 확신하기 위해서는 현실에서 이 관계를 다시 발견하려고 노력해야만 한다. 제한을 가할 수 있는 부분에 대해서는 나중에 말하겠지만, 일단 여성을 계속해서 두 가지 유형으로 보기로 하자. 한 유형이 이런 부분을 더 많이 가지고 있으면 다른 유형은 저런 부분을 더 많이 가지고 있는데, 이런 유형들이 바로 어머니와 창녀다. (…)

모성과 매춘이 서로 극과 극을 이룬다는 사실은, 훌륭한 가정주부는 보다 많은 자식을 두고 있다는 점에서 보다 확실하게 드러나는데, 반면에 고급 매춘부일수록 항상 자식이 몇 되지 않으며 골목의 창녀는 이런 경우 대부분 전혀 자식을 낳을 수 없는 불임이다. 유의해야 할 것은, 돈으로 살 수 있는 처녀만이 창녀 유형에 속하는 것이 아니라, 소위 얌전한 처녀들이나 결혼한 부인들, 심지어는 절대 바람을 피우지 않는 부인들까지도 이 유형에 속한다는 사실이다. 그것은 기회가 좋지 않아서가 아니라 그 여인들 스스로 거기까지 갈 수가 없기 때문이다. 여기서 창녀의 개념을 이제 분석하게 되겠지만, 단순히 돈을 주고 살 수 있는 여성들을 포함하는 것 이상의 훨씬 폭넓은 범위로 이 개념을 적용하는 데 거부감을 갖지 말아 주길 바란다. 골목의 창녀들은 보다 고상한 접대부나 뛰어난 고급 기생에 비해 '보다 섬세한 면'을 보여 주지 못하는 절대적인 무능력함에서 쉽게 구별되며, 뿐만 아니라 하루하루를 조금도 연결하지 못한 채 자신의 삶을 몇 분이나 몇 시간의 삶으로 만들어 버리는 완전한 기억력의 부족으로도 구분된다. (…)

**태생적인 매춘 소질**

임신 출산 능력이 떨어진다는 사실이, 일반적인 견해와 논쟁을 벌어야 하는 의무에서 나를 이미 해방시켜 주는지도 모른다. 일반적인 견해란, 매춘과 같이 한 존재의 타고난 본성 속에 어쩔 수 없이 깊이 뿌리를 박고 있는 현상의 원인을 사회적인 폐해나 많은 여성들이 직업이 없는 상태에서 도출하려고 하고, 그럼으로써 오늘날의 사회를 특히 비판하면서, 사회에서 권력을 가진 남성들이 자신들의 경제적 이기주의 때문에 결혼하지 않은 여성들이 바르게 살아갈 가능성을 그만큼 어렵게 만든다는 주장이다. 또는 독신주의를 끌어들여서—그들의 주장에 의하면—이 독신주의의 바탕이 단지 물질적이기 때문에 그것을 보충하기 위해서 어쩔 수 없이 매춘이 필요하다는 것이다. 그러나 매춘을 가난한 거리의 창녀들에게서만 찾아볼 수 있는 것이 아니라는 사실도 언급해야 한다. 유복한 집안의 처녀들도 가끔 자신들의 평판이 가져다줄 모든 기득권을 포기하고, 몰래 정사(情事)를 즐기기보다 길거리에서 공공연하게 배회하기를 더 좋아한다. (…) 나이 어린 창녀조차 대부분 비싼 방값을 지불하고 포주에게 뜯기고, 평범한 옷을 입지 않으려면 그 수입만으로 생활하기 매우 힘들다. 그러나 이런 생활 방식이 그런 여성들에게 얼마나 깊이 뿌리를 내리고 있는지는 매춘부들이 결혼을 하더라도 다시 옛날 직업으로 되돌아가는 현상을 자주 볼 수 있는 데서 입증된다. 더 나아가 매춘부들은 원인을 알 수 없는 어떤 선천적인 체질 덕택에 종종 여러 전염병에 대한 면역력을 가지고 있다. 그러나 '당당한' 여성들은 대부분 병에 걸린다. 결국 매춘은 지금까지 계속해서 있어 온 것이지, 자본주의 시대의 성공과 비례해서 성장한 것은 선혀 아니다. 심지어 매춘은 어느 고대 민족에서는 종교적인 기구에 속하기도 했다. 예를 들면 페니키아 사람들이다. (…)

그렇다고 해서 창녀가 되는 모든 여성이 전적으로 내적 필요성으로 그렇게 되었다고 말하려는 것은 아니다.

대부분의 여성 안에는 어머니와 창녀의 두 가능성이 모두 들어 있다. (…)

## 남성의 영향

어떤 남자가 여성에게 강한 영향을 미쳐서 그녀의 자식이 비록 정자에서 발달되지 않더라도 그 남자와 닮을 것이라고 기대할 수 있으면, 이 남자는 여성을 극도로 완벽하게 성적으로 보충해 주어야 할지도 모른다. 비록 이런 경우가 아주 드물다면 '완벽한 보충'이 일어나는 것은 불가능해 보이지만, 괴테와 입센이 묘사한 대로 그러한 사실이 원칙적으로 가능하다는 데 반론을 제기해서는 안 된다.[32] (…)

그러니까 다양한 여성들에게 다양한 상태로 나누어져 있는 두 가지의 천부적인 대립적 성향밖에는 더 이상 가능성이 없다. 즉, 절대적 어머니와 절대적 창녀다. 이 두 가지 타입 사이에 현실이 놓여 있다. 창녀 본능이 전혀 없는

32) (옮긴이 주) 괴테의 《친화력》에서 주인공 에두아르트는 아내인 샤를로테의 침실로 통하는 비밀 통로를 지나가면서 샤를로테의 조카인 오틸리에의 방을 훔쳐본다. 그리고 샤를로테가 임신해서 태어난 오토는 샤를로테가 좋아하던 친구인 대위의 모습과 오토가 좋아하던 오틸리에의 모습이 반씩 섞여 있었다.

여성은 분명히 없다. (…) 마찬가지로 어떠한 모성애 자극도 받지 않는 여성도 별로 존재하지 않는다. 이런 정도의 모성애보다 절대적 창녀 쪽으로 특히 기울어져 있는 것을 훨씬 자주 발견할 수 있었다고 나는 고백해야만 한다. 모성애 뒤로 창녀성이 물러나 있을 뿐이다.

### 자식에 대한 두 유형의 관계

모성의 본질은, 그 개념을 가장 피상적으로 처음 분석하면 알 수 있듯이, 자식을 얻는 것이 어머니로서의 삶에 가장 중요한 목적이 되는 데 있다. 반면에 절대적 창녀의 경우 이런 목적을 위한 짝짓기는 완전히 배제되어 있는 듯이 보인다. 보다 상세한 연구는 특히 두 가지 사실을 주목해서 봐야만 하는데, 즉 창녀와 어머니가 각각 자식과 어떤 관계에 있는지, 그리고 성교와 어떤 관계에 있는지를 봐야 한다.

우선 어머니와 창녀는 '자식과 어머니의 관계'로 구분된다. 절대적인 창녀는 오로지 남자만 중요하고, 절대적인 어머니는 오로지 자식들만 중요했을 수 있다. 가장 분명한 시금석은 딸과의 관계다. 만약 엄마가 딸이 청소년 시절에 훨씬 크고 아름다워도 절대 시기하지 않고, 딸에 대한 남자들의 감탄에도 시샘하지 않고 오히려 딸과 완벽하게 일치되어, 딸을 좋아하는 사람을 마치 자신을 흠모하는 사람인 것처럼 기뻐하면, 그녀를 어머니라고 부를 수 있다.

자식만이 중요한 절대적인 어머니는 어떤 남자라도 상관없이 어머니가 된다. 그래서 어린 시절에 다른 아이들보다 인형놀이에 열중했고, 이미 처녀 시절에 아이들을 매우 좋아해서 아이 갖기를 고대했던 여성들은 남성을 고르는 것이 아니라, 자신을 어느 정도 먹여 살릴 수 있고, 자기 부모나 친척들의 마음에 드는 첫 번째 남자를 가장 좋은 배우자로 취할 준비가 되어 있다. 그러나 그런 처녀는 자기가 누구에 의해서 엄마가 되는지는 상관이 없으며, 이상적인 경우 다른 남자에게는 전혀 관심이 없다. (…) 절대적인 어머니는 없기 때문에 사람들은 최소한 모든 여성에게서 일반적으로 남성의 마음에 들고 싶어 하는 성향의 흔적을 발견할 수 있고, 이런 성향은 세상의 어느 남성에 대해서도 절대로 포기하지 않는다.

여기서 사람들은 어쨌든 절대적 어머니와 절대적 창녀 사이의 형태적 유사성을 찾아볼 수 있다. 이 두 유형은 원래 개인적인 성적 보충과 아무런 상관이 없다. 한 유형은 자기가 자식을 만드는 데 필요한 남자라면 어떤 임의의 남자라도 취하게 되며, 자기가 아이를 갖게 되자마자 더 이상의 남자는 필요가 없어진다. 단지 이런 이유에서 그녀를 '일부일처제에 적합(monogam)'하다고 부를 수 있다. 다른 유형은 자신에게 에로틱한 즐거움을 줄 수 있는 남자라면 누구라도 자신을 맡기게 된다. 이런 즐거움이 그녀에게는 목적 그 자체다. (…)

## 결혼

결혼은 원래 이상적인 사랑의 완성이자 실현으로 생각되었다. 비록 결혼이 그 역할을 수행할 수 있는지에 대해서는 아주 의문이 가더라도 말이다. 더 나아가 결혼은 충성(지속성과 지적으로만 인식되는 자아가 전제됨)이라는, 전적으로 남성적인 사고가 배어 있다. 사람들은 여성이 남성보다 '바람을 적게 피운다'는 말을 자주 듣게 되는데, 남성의 충성심은 말하자면 남성에게는 자유로운 의지가 완전히 의식적으로 자신에게 부과했던 일종의 강요다. 그래서 남성은 종종 이런 자승자박에 관심을 두지 않기도 하지만, 이런 행동을 계속해서 부당하다고 여기거나 어떻게든 느끼게 된다. 만약 남자가 바람을 피우면, 자신의 '지적으로만 인식되는 본질'은 더 이상 말을 할 수 없게 된다. 여성에게 바람피우는 것은 간지러운 장난이다. 이 장난 속에 도덕적 생각은 전혀 작용하지 않고, 단지 '안전성'과 자신의 '평판'만이 동기로 작용한다. 생각 속에서 자기 남편을 배반하지 않고 한 번도 바람을 피워 보지 않았던 여성은 존재하지 않는다. 그렇다고 여성은 이런 사실에 대해 자신을 질책하지도 않는다. 왜냐하면 여성은 두려워 떨면서도 완전히 무의식적인 욕망에 사로잡혀 결혼을 하고, 시간적인 것과 멀어져 있는 자아가 없기 때문에 결혼을 했을 때처럼 그렇게 기대에 차서, 아무 생각 없이 바람을 피우기 때문이다. 어떤 계약에 신의를 지킨다는 그런 동기는 남성에게서만 발견할 수 있다. 내뱉은 말의 구속력에 대해 여성들은 이해하지 못한다. 여성의 정절을 예로 들 수 있는 것은 이와 반대로 별로 없다. 여성의 정절은 오랫동안 성적으로 순종했던 관계가 강했던 영향이거나(페넬로페[33]), 아니면 이러한 예속 상태 자체가 비굴하게, 추종적으로, 완전히 본능적으로 끈질기게 따라다니는 것이거나, 아니면 모든 여성적 동정심의 조건인 '육체적 친밀'과도 비교할 수 있는 것이다. (…)

---

33) (옮긴이 주) 오디세우스의 아내로, 남편이 10년간 트로이 전쟁에 나가 있는 동안 수많은 구혼자들을 물리치고 정조를 지켰다.

### 결혼과 성실

'한 번만 결혼하는 계획'에 보다 고상한 것이 있다는 것은 부인할 수 없다. 그래서 가톨릭교회의 혼인성사를 통해 그런 제도를 받아들이는 것도 어느 정도 정당성이 있다. 그렇지만 "결혼이냐, 자유로운 사랑이냐" 하는 문제에서 어느 편을 들어야 하는 것은 아니다. 너무 엄격한 도덕률에서 어쨌든 일탈하게 되는 마당에—그리고 그러한 일탈은 모든 결혼 생활에서 경험할 수 있다—완전히 만족스런 문제 해결은 더 이상 가능하지 않다. **결혼과 동시에 불륜이 세상에 나타났다.**

그럼에도 불구하고 결혼은 단지 남성에 의해서 만들어진 제도다. 여성이 만들어 낸 법적 제도나 기구는 없다. 모든 법은 남성으로부터 발생하고, 많은 풍습은 여성으로부터 유래한다(그래서 법이 풍습에서 나오거나, 반대로 법에서 풍습이 나오는 경우는 전혀 없다. 이 두 가지는 완전히 이질적인 것이다). 질서를 혼란한 성적 관계로 바꿀 수 있는 것은 질서에 따라서나, 규칙에 따라서나, 법에 따라서나 (현실적으로나 이론적으로) 그럴 필요성과 그럴 힘을 가진 남성뿐이다—'변하기 쉬운 여자의 마음(la donna è mobile)'이란!—. 그리고 많은 민족들 중에서 여성들이 사회 형성에 많은 영향을 미칠 수 있었던 시기가 실제로 존재했던 것처럼 보인다. 그러나 당시에는 결혼이 많지 않았다. 모계 사회 시대는 남성 초과 시대다. (…)

### 어머니와 종족 유지의 목적

비겁하고 겁이 많은 창녀에 비해 어머니는 용감하고 대담하게 종족의 안전을 확보한다. 그것은 개인의 용기가 아니다. 진리의 가치와 불굴의 내적 자유에서 연유한 도덕적 용기가 아니라, 어머니 개인에 의해 아들과 남편을 보호하게 하는 종족을 유지하려는 삶의 의지다. 용기와 비겁함이라는 단어 쌍처럼 희망과 두려움이라는 단어 쌍으로 어머니의 희망과 창녀의 두려움을 대비할 수 있다. '절대적인' 어머니는 모든 관계에서 항상 희망적이다. 어머니는 종족을 이어 감으로써 불멸이 되기 때문에 죽음에 대한 공포도 모른다. 반면에 창녀는 죽음에 끔찍한 공포를 느끼지만, 개인적으로 불멸의 필요성은 조금도 가지고 있지 않다. 그래서 개인적인 종족 번식에 대한 욕망의 원인을 단순히 육체적인 죽음에 대한 공포와 이 죽음을 알고 있는 데서 찾는 것은 잘못이다.

어머니는 남성보다 항상 우월하다고 느끼고, 자신을 그 남성이 닻을 내릴 항구라고 생각한다. 그녀 자신은 세대의 연쇄 고리 안에서 충분히 안정되어 있기 때문에 자신을 항구라고 생각한다. 그 항구로부터 각각의 배들이 새롭게 출항을 하고, 남성은 혼자서 먼 바다로 항해한다. 어머니는 나이가 아주 많아져도 항상 아이를 임신하고 돌볼 준비가 되어 있다. 이런 동기는 어머니에게 심리적으로 아이를 잉태하는 것이었지만, 우리가 알고 있듯이 임신하고 있을 때는 벌써 보호와 양육이라는 다른 동기가 아주 분명하게 드러나게 된다. 이런 우월한 관계는 연인 앞에서도 나타난다. 즉, 어머니는 어리석고 유치한 것과 남성의 단순함에 대한 이해력을 갖고 있지만, 창녀는 남성의 섬세함과 세련미에 대한 이해력을 갖고 있다. 어머니는 아이를 가르치고 그에게 모든 것을 주어야 할 필요성이 있는데, 그것이 자식이든 연인이든 상관없다. 창녀는 남자가 자기를 감동시켜 주는 것에 초점을 맞추어서 모든 것이 그의 덕분이길 원한다. 자기 가족 모두에게 영향을 미치는 천재를 대표하는 어머니는 가족의 모든 구성원들에게 친절하다(딸조차 이런 의미에선 아버지에게마저 어머니가 된다). 어머니는 보다 가까운 자식의 이익이 손상당할 위험에 처하게 되면 아주 비상하게 배타적이 된다. 그러나 창녀는 어머니가 할 수 있는 것과는 달라서, 결코 그렇게 사랑이 넘치거나 완고하지는 않다. (…)

## 모성애에 대한 도덕적 평가

어머니의 사랑은 도덕적으로 그렇게 높게 평가될 수 없다. 그러니 각자 솔직하게 물어보기 바란다. 자기가 현재의 자기와 완전히 다른 사람이더라도 자기 어머니가 자기를 똑같이 사랑할 거라고 생각하는지 말이다. 그리고 자기가 현재의 자기가 아니라 완전히 다른 사람이라면 어머니의 사랑이 지금보다 훨씬 덜해질지 말이다. 여기에 바로 문제의 핵심이 있는데, 어머니의 사랑이라는 이유로 여성을 도덕적으로 높이 평가할 수 없다는 점을 말하고 있다. 자식의 개성은 어머니의 사랑과 전혀 상관이 없다. 어머니의 사랑은 친자 관계라는 것만으로 충분하다. 그러나 이런 사실은 모성애에서는 부도덕한 점이다. 남성과 여성의 사랑이나 심지어 같은 성끼리의 사랑에서조차 완전히 특별한 육체적, 심리적 특성을 가진 존재인지가 중요하다. 그러나 모성애만큼은 어머니가 자기 품에 안고 있었던 모든 것으로 무차별적으로 확대된다. 그러나 이렇게 말하는 것은 끔찍한 고백이다. 그리고 모성애가 얼마나 완벽하게 부도덕적인지를 그 고백이 보여주기 때문에 어머니와 자식에게도 끔찍하다. 아들이 성인이 됐든, 범죄자가 됐든, 왕이나 거지가 됐든, 천사로 남든 악당으로 변하든 상관없이 계속되는 사랑이라고 고백하면 말이다. (…)

### 창녀

어머니의 상황은 '머무는 장소'이자 '담는 그릇'으로서 새로운 존재들이 영원히 통과할 수 있도록 봉사하고, 그들에게 양식을 제공하는 데 결코 지치지 않는다. 그러나 이런 종족 유지 목적 밖에서는 오히려 고급 매춘부가 어머니보다 어느 정도 높은 위치에 있다. 두 명의 여성을 말할 때 누가 도덕적으로 보다 높은 위치에 있느냐가 문제가 될 때가 있다. 남편과 아이들의 옷이나 음식을 살펴 주며, 부엌일이나 집안일, 정원과 농사일에 이르기까지 관리하는 어머니는 항상 지적으로는 낮은 수준이다. 정신적으로 아주 발달한 여성들, 남성에게 어떤 식으로든 뮤즈의 여신이 되는 모든 것은 매춘부의 범주에 속한다. (…)

정신적인 생산이 필요 없는 남성들만이 어머니 같은 타입에게 성적으로 끌린다는 느낌을 받게 된다. 자신의 부권을 친자식에게만 제한하려는 사람은 다른 여성들보다 다산할 수 있는 어머니 타입의 여성을 고를 것이라고 기대할 수 있다. 유명한 사람들은 항상 매춘부만 사랑했었다.[34] 그들의 선택은 자신들과 같은 불임 여성이고, 비록 자식이 태어난다 해도 살아갈 능력이 없거나 곧 죽어 버렸는데, 여기에는 아마도 깊은 윤리적인 이유가 들어 있는 것 같다. 지상의 부성애는 모성애처럼 별로 가치가 없다. 나중에 드러나겠지만(14장), 그것은 부도덕적이다. 왜냐하면 그러한 모든 관계에는 환상이 들어 있기 때문이다. 자신이 자기 아이의 아버지라는 사실을 어느 누구도 확신할 수 없다. 그리고 부권의 지속성도 결국 항상 짧고 허무한 것이다. 남성이나 여성이나, 인류의 어떤 인종이라도 결국은 망하고 없어진다. (…)

창녀는 최소한 전적으로 자신의 삶을 살아간다. 그녀가 비록 극단적인 경우에 사회에서 쫓겨나는 벌을 받는다고 해도 말이다. 창녀는 어머니만큼 용감하지 않고 철저하게 비겁하지만, 항상 그 비겁함에 상응하는 개념인 무례함도 갖고 있어서, 최소한 부끄러움도 모르는 뻔뻔함은 있다. 많은 남성에게 끌리는 천성으로 인해, 한 가정을 만드는 남성보다 항상 더 많은 남성에게 매력을 느끼며, 그 충동을 발산하고, 반항하듯 그 남자들에 만족하면서 스스로를 지배자라고 느낀다. 그녀에게 가장 자명한 사실은 자신이 권력을 갖고 있다는 것이다. 어머니를 아프게 하거나 화가 나게 만들기는 쉽다. 그러나 매춘부에게는 어느

34) 물론 돈으로 사는 골목의 여자만 말하는 것이 아니다.

누구도 상처를 주거나 모욕을 줄 수 없다. 왜냐하면 어머니는 천재의 보호자로서 가족에게는 분명히 영광이지만, 매춘부는 모든 사회적 명성을 다 포기해 버렸고, 그것이 바로 그녀의 자존심이며, 머리를 당당하게 뒤로 젖히게 만든다. 그래서 매춘부는 자신이 아무런 힘도 없다는 생각을 도저히 품을 수가 없다. (…) 그녀는 모든 사람과 자신이 관계를 맺을 수 있으며, 모든 사람들이 오직 자신만을 생각하고 자신을 위해 살아간다고 기대하기도 하고, 그렇게 믿을 수도 있다. 실제로도 그녀는 그런 사람이다. 사람들 사이에서 가장 많은 권력을 소유하고 있는 귀부인으로서, 남성들의 모임에(스포츠 모임에서 국가에 이르기까지) 통제받지 않는, 모든 인간의 삶에 유일하고도 가장 큰 영향력을 행사한다. (…)

**매춘의 동기**

창녀를 움직이게 하는 동기에 대해서는 아직 좀 더 연구가 필요하다. 어머니의 본성은 비교적 쉽게 파악할 수 있었다. 어머니가 종족 유지의 도구라는 사실은 확실하다. 그러나 매춘을 설명하는 것은 수수께끼처럼 훨씬 복잡하고 어렵다. 이 점에 대해 오랫동안 생각해 본 사람이라면 매춘의 본질에 대해 완전히 밝혀내는 데 회의가 들었던 순간이 분명히 왔을 것이다. 특히 여기서 어느 정도 문제가 되는 것은 '성교(der Koitus)'에 대한 어머니와 창녀의 관계가 서로 다르다는 점이다. 매춘이라는 테마를 다루면 철학자들의 체면이 손상될 수도 있다고 생각할 수 있겠지만 그런 위험이 별로 없기를 바라고 싶다. 많은 대상에 대해 품위를 부여해야만 하는 것은 그 대상을 다루는 정신이다. (…)

어머니에게 성교는 목적을 위한 수단이다. 창녀에게 성교가 자체 목적이 된다면 창녀에게는 특수한 지위가 부여된다. 자연을 통틀어서 성교가 종족 번식 이외의 다른 역할을 한다는 사실을, 우리는 많은 생명체에서 성교 없이도 종족 번식에 이를 수 있음을 보여 주는 예를 통해서 알고 있다[처녀생식(Parthenogenesis)]. 그러나 다른 한편으로 우리는 동물의 경우 어디서나 짝짓기가 후세를 생산하기 위한 목적에 이바지하는 것도 보았다. 우리는 성교를 전적으로 쾌락만을 추구하는 경우라고 한 번도 생각한 적이 없었다. 오히려 발정기처럼 어떤 특정 시기에만 나타나기도 한다. 그래서 사람들이 그런 쾌락을 마치 자연이 종족을 유지하기 위한 목적을 달성시키려고 이용하는 수단이라고 생각할 정도였다. (…)

## 성교 때 여성의 감정

성교의 느낌은 원칙적으로 여성이 이전부터 알고 있는 바로 그 느낌이다. 성교 때 느낌은 바로 그 같은 느낌이 가장 강하게 나타나는 것이다. 여성의 존재 전체는 성교 때 나타나며 최고로 강화된다. 그래서 여기서 어머니와 창녀의 차이도 가장 뚜렷하게 나타난다. 어머니는 성교 때 느낌이 덜한 것이 아니라 매춘부와 다르게 느낀다는 것이다. 어머니는 비교적 받아들이고 참고 견디는 태도를 보이는 반면에, 창녀는 가장 강한 단계까지 즐거움을 느끼고 맛본다. 어머니는(그리고 모든 여자가 임신하면) 남자의 정액을 마치 보관 물품으로 생각한다. 어머니 타입 여성의 성교 때 느낌에는 이미 '받아들이고', '간직하는' 동기가 들어 있다. 왜냐하면 어머니는 생명의 수호자이기 때문이다. 창녀는 이와는 다르게 성교를 통해서 거둬들이는 것에서 어머니처럼 존재가 고양되고 숭고해진 듯이 느끼고 싶어 하지 않는다. 오히려 성교 때 현실의 자신은 사라지고, 관능적 쾌락 앞에서 자신이 부서지고, 파괴되고, 의식도 없이 아무것도 아닌 무로 돌아가고 싶어 한다. 어머니에게 성교는 어떤 연속의 시작이지만, 창녀는 성교 때 끝까지 가길 원하고, 그 속에서 사라지려고 한다. 그래서 어머니의 신음 소리는 짧고 빠르게 끝난다. 그러나 매춘부의 신음은 길게 이어지는데, 그것은 자신이 가진 삶 전체를 이 순간에 집중해서 응축시킬 줄 알기 때문이다. 그런데 이런 것은 결코 성공할 수 없기 때문에, 매춘부는 살아가면서 한 번도 만족해 보지 못한다. 세상의 어떤 남자로부터도 만족하지 못하는 것이다.

여기에 두 존재의 근본적인 차이가 있다. 여성은 단지 그리고 오로지 성적이기 때문에, 그리고 이런 섹슈얼리티는 몸 전체에 퍼져 있고 어느 한 지점에 (물리적으로 말하면) 다른 곳보다 더 밀집해 있기 때문에, 어느 여성이나 느끼는 데는 차이가 없다. 지속적으로 그리고 몸 전체로, 언제 어디서나 항상, 그것이 무엇이 되었든 상관없이, 예외없이 성교를 당한다고 느낀다. 사람들이 일반적으로 성교라고 부르는 것은 최고 강도의 특수한 경우일 뿐이다. 창녀는 모든 사람으로부터 성교를 당하고 싶어 한다. (…)

## 모권과 부권

부권은 불쌍한 착각에 불과한 것이다. 왜냐하면 부권은 계속 끝없이 많은 사실들과 많은 사람들과 공유되어야 하기 때문이다. 반면에 모권은 육체적으로도 확실한 권리를 갖고 있다. 한때 흑인의 아이를 가진 백인 여성들이 나중에 백인 남성의 아이를 낳는 경우를 자주 보게 되는데,

그 아이도 분명히 흑인의 특성을 가지고 있다. 부적합한 꽃가루로 수정된 꽃들로 인해 꽃봉오리뿐만 아니라 '어머니의 조직'까지도 변화를 겪게 되는데, 이 변화는 이 낯선 꽃가루의 형태와 색깔에 접근하려는 노력으로 이해될 수 있다. 모턴 경(Lord Morton)의 암말은 유명해졌는데, 그 암말은 어떤 얼룩말과 잡종을 낳은 후 한참 있다가 아랍의 수말과 망아지 두 마리를 낳았다. 그런데 그 새끼들에게 얼룩말의 특징이 분명하게 남아 있었던 것이다.

사람들은 이 경우를 해석해 보려고 많이 노력했고, 이런 일이 가능하다면 훨씬 자주 나타나야만 한다고 주장했다. 그러나 사람들이 말하는 이런 '전염'에서[바이스만은 텔레고니(Telegonie)[35]라는 멋진 이름을 제안했는데, 이 말은 '먼 곳으로의 출산(Zeugung in die Ferne)'이라는 뜻으로, '손님의 선물(Xenien)'이라고 했다], 다시 말해서 이런 '원격 출산(Fernzeugung)'에서 분명하게 볼 수 있는 것은 성적 매력의 법칙이 전부 실현된다는 사실이다. 우선 아버지와 어머니 사이의 성적 친화성이 특히 높아야 할 필요가 있다는 것이다. 그러나 종족 간의 부족한 친화력을

---

35) (옮긴이 주) 학자가 아닌 원예사나 사육사가, 순종 암컷이 딱 한 번 다른 종의 수컷과 교배하고 나서 자기 종의 수컷과 계속 교배를 해도 순종을 생산할 수 없을 만큼 변해 버린다고 잘못 추측하는 것을 뜻함.

극복할 정도로 강한 친화성을 갖고 있는 한 쌍이 실제로 존재하기는 어렵기 때문에, 종족의 차이가 있을 때는 확실하게 눈에 띄는 차이가 있을 것으로 기대하는 수밖에 없는 것이 보통이다. 반면에 아주 가까운 친족 관계인 경우, 자식이 첫 번째 출산에 영향을 주었던 아버지 유형에서 벗어난다고 확신할 수 있는 가능성은 낮아진다. (…)

따라서 매춘은 인간에게만 나타나는 현상이다. 동물이나 식물은 완전히 무도덕적이며, 반도덕적인 것과 비슷한 것도 없다. 그래서 모성애를 모른다. 여기에 **인간**의 본질과 기원에서 기인하는 가장 깊은 비밀 하나가 숨어 있다. 그래서 내가 오랫동안 생각해 본 결과 이전의 관점을 수정할 것이 있는데, 그것은 바로 매춘도 단순히 육체적 타입인 모성애처럼 모든 여성들에게 가능하다는 것이다. 그래서 매춘은 아마도 모든 여성이 실행할 수 있는 **어떤 것**이며, 그럼으로써 동물적인 어머니를 염색하는 **어떤 것**이다.[36] 이것은 결국 '동물적인' 남성보다 '인간적인' 남성에

---

36) 거의 모든 여성들이 오늘날' 커다란 자유를 누리면서 골목에서 서성이고, 옷을 바짝 끌어당김으로써 그 여성들의 본성이 어떤 모습으로 드러나게 되며, 그래서 그 여성들이 비 오는 날을 그런 목적을 위해 이용한다고 걱정하는 사람은, 이것이 너무 과장되었다고 생각하지 않을 것이다.

게 더욱 가치 있는 '인간적인' 여성 안에 있는 특성과 일치하는 것일 수도 있다. 인간적인 여성과 동물적인 여성을 근본적으로 구분해 주는 요소가 동물적인 단순한 모성애에 덧붙는다. 동시에 이 요소는 남성 안에 들어 있는 반도덕적인 것과 이상한 관계를 맺게 된다. 그렇다면 여성이 창녀로서 남성으로부터 얼마만큼 특수한 의미를 얻을 수 있는가는 이 연구의 마지막에 가서 언급하도록 하겠다. 그래서 매춘의 기원과 가장 중요한 원인은 아마도 영원히 어둠에 둘러싸여 있는 가장 복잡한 수수께끼로 남을지도 모른다. (…)

# 11장
# 에로틱과 미학

## 에로틱과 섹스

(…) 여성을 혐오하게 만드는 모든 구실은 감정적인 것으로, 예외 없이 남자가 처해 있는 여자에 대한 에로틱한 관계에서 나온다. 이런 관계는 성적 관계를 말하는데, 동물들의 경우 양성의 관계는 이미 논의가 끝났고, 인간의 경우에는 범위가 워낙 넓어서 훨씬 중요한 역할을 한다. 그러니까 동물과는 원칙적으로 완전히 다른 관계에 있는 것이다. 섹슈얼리티(Sexualität)와 에로틱(Erotik), 성 충동과 사랑을 기본적으로 같은 것으로 보는 것은 완전히 잘못 이해한 것이다. 이것은 에로틱과 사랑이 성욕과 성 충동을 은폐하고 세련되게 정제한 것이며, 흐릿하게 만들어 '승화시킨 것'이라고 보는 것이다. 이 점에 대해 모든 의학도들은 무조건 맞는다고 하겠지만 말이다. 심지어 칸트와 쇼펜하우어 같은 인물들도 이와 똑같이 믿었다. (…) 칸트의 의견은 다음과 같은 이유로 구속력이 없다. 즉, 사람은 자신 이외에는 결코 모르듯이, 칸트가 성적 충동으로서의

사랑을 조금도 몰랐음이 틀림없다. (…) 칸트는 이 문제에 권위를 가지고 말하기에는 너무 고상하고 너무 순수했고, 그가 유일하게 사랑했지만 복수를 했던 여인은 형이상학이었다. 쇼펜하우어는 보다 고상한 에로틱에 대해 이해하는 바가 별로 없었고, 오로지 감각적인 성욕에만 사로잡혀 있었다. (…) 결론적으로 말해서 동정심을 강하게 요구하는 사람들만이 격정적인 에로틱이 가능하다. '아무 데도 관여하지 않는' 사람들은 사랑할 능력이 없다. 이런 사람들이라고 해서 반드시 악마적 천성을 갖고 있는 것은 아니지만, 그 반대로 그들 주변의 사람들이 지금 무슨 생각을 하며 그들에게 어떤 일이 벌어지고 있는지 제대로 파악도 못한다. 그리고 여성과 섹스를 넘어선 관계를 이해하지도 못하면서 도덕적으로 아주 높이 서 있을 수 있다. 쇼펜하우어의 경우도 마찬가지다. 그는 성적 충동 때문에 극도로 괴로워하던 사람이었다. 그리고 그는 결코 사랑을 해보지 못했다. 그렇지 않았다면 그의 유명한 '성행위를 통한 사랑의 형이상학'이 보여 주는 일방적인 견해를 설명할 수 없을지도 모른다. 그중에서 가장 중요한 그의 이론은, 모든 사랑의 무의식적인 최종 목표가 '다음 세대를 위한 결합' 그 자체라는 것이다. (…)

## 여성의 아름다움과 성적 충동

여성이 벌거벗지 않았을 때 가장 아름답다는 것은 알려져 있다. 어쨌든 조각이나 회화에서 예술 작품으로 표현된 경우 옷을 입지 않은 여성이 아름다울 수는 있다. 그러나 살아 있는 여성이 벌거벗고 있으면 어느 누구도 아름답다고 생각하지 않는다. 그 이유는 성적 충동이 모든 것을 아름답다고 생각하는 데 필수적 전제 조건인 '아무런 욕구 없이 바라보는 것'을 불가능하게 만들기 때문이다. 그러나 이런 것을 차치하더라도 완전히 벌거벗은 살아 있는 여성은 자기 바깥쪽의 뭔가를 찾는 듯한, 뭔가 미완성된 것 같은 인상을 준다. 이런 인상은 아름다움과 조화를 이룰 수 없다. 벌거벗은 여성은 부분적으로는 전체로 보는 것보다 아름답다. 그러나 그런 여성은 뭔가 찾고 있다는 느낌을 어쩔 수 없이 불러일으켜서 보는 사람으로 하여금 즐거움보다는 오히려 '불쾌감(Unlust)'을 준다. 똑바로 서 있는 나체의 여성에게서 속으로는 별다른 의미가 없고 밖으로 의미가 있는 요소가 가장 강하게 나타난다. 누워 있는 자세를 통해 이런 요소는 자연스럽게 완화된다. 벌거벗은 여성을 예술적으로 묘사하는 것도 이런 점을 잘 고려한 것이다. 그래서 똑바로 서 있거나 공중에 떠 있는 나체의 여성을 그릴 때는 여성 혼자 두지 않고 항상 그 여성이 손으로 나체 상태를 가릴 것을 찾을 수 있는 배경을 고려해서 그렸다.

그러나 어떤 여성이 아무리 가능한 한 완벽하고 아주 나무랄 데 없는 '여성의 몸매'를 대표한다고 해도, 부분적으로 보면 결코 아름답지 않다. 여기서 이론적으로 가장 많이 고려되는 부분이 여성의 성기다. 여성에 대한 남성의 모든 사랑이 단지 뇌로 올라온 '사정욕'에 불과하다면, 그래서 "키도 작고 어깨도 좁고 엉덩이는 펑퍼짐하고 다리는 짧은 여성을 아름답다고 부를 수 있는 것은 오직 성적 충동에 현혹된 남성의 지성뿐이다. 이 충동 속에 여성의 아름다움이 들어 있기 때문이다"라고 한 쇼펜하우어의 주장이 맞는다면, 여성의 성기도 가장 격정적으로 사랑을 받아야만 하고, 여성의 몸 전체 가운데서 가장 아름답게 여겨져야만 했을 것이다. 그러나 (…) 어떤 남자도 여성의 성기를 특히 아름답다고 생각하지 않으며, 오히려 다른 사람들은 혐오스럽게 생각한다고 주장할 수도 있다. 이것은 상스러운 본성들이 여성의 이 신체 부위에 의해 특히 감각적인 욕망에 자극을 받은 것일 수 있다. 그러나 바로 그런 본성들이 그 신체 부위를 아마도 매우 기분 좋게 생각할지도 모르지만, 결코 아름답다고 생각하지는 않을 것이다. 여성의 아름다움은 단순히 성적 충동의 효과일 수는 없다. 오히려 그 충동과 정반대다. 성적 충동을 꼭 해소할 필요가 있는 남성들에게는 여성의 아름다움이 전혀 의미가 없다. 그 증거로 그들은, 완전히 무차별적으로 자기를 쳐다보는 여자가 어렴풋이 여자 몸매만 하고 있으면 어떤 여자든지 성적 충동을 느끼는 것이다. (…)

**규범 학문으로서 미학, 논리학, 윤리학**

여성에게서 무엇이 아름다우며 무엇이 혐오스럽게 여겨지는지를 가늠할 수 있는 척도는 언제나 부끄러워하는 남자의 사랑 속에 들어 있다. 여기서 진리가 사고의 척도인데, 진실의 가치를 신처럼 떠받드는 논리학의 경우와는 다르다. 또한 선함이 '당위'의 기준이고, 선함의 가치가 의지를 선한 것으로 이끌어 간다고 주장하는 윤리학과도 다르다. '미학에서의 아름다움'은 사랑으로부터 비로소 만들어진다.

아름다운 것을 사랑하라고 내적으로 강요하는 규범은 절대 존재하지 않는다. 그리고 아름다운 것은 사람들에게 사랑받을 권리가 있다고 주장하지도 않는다(그래서 초개인적인 취향은 없고 단지 '어울리는' 취향만 있는 것이다). 아름다운 모든 것은 오히려 그 자체가 사랑의 필요성이 발산되어 **투영된 것**이다. 그래서 여성의 아름다움은 사랑과 별개의 것이 아닐 뿐만 아니라, 사랑이 향하고 있는 대상도 아니다. 여성의 아름다움은 **남자의 사랑**이다. 이 두 가지는 별개의 것이 아니라 똑같다. 혐오감이 미움에서 나오듯이, 아름다움도 사랑하는 데에서 나온다. 아름다움이 사랑처럼 감각적 충동과 별다른 관계가 없고, 욕망과도 아무런 상관이 없다는 점에서 이런 사실이 드러난다. 아름다움은 만질 수도 없고 손을 댈 수도 없으며 섞을 수도 없다. 그래서 아름다움은 아주 멀리 떨어져서도 마치 가까이에 있는 것처럼 바라볼 수 있다. 가까이 다가가면 갈수록 아름다움은 멀어진다. 여성과 하나가 되고자 하는 성적 충동은 이런 아름다움을 없애 버리며, 누가 만지고 차지한 여자는 더 이상 누구한테서도 그 아름다움 때문에 흠모의 대상이 되지 않는다. (…)

### 사랑의 본질

사랑할 때 남자는 언제나 자기 자신만을 사랑한다. 이것은 자아 중심적 태도도 아니고, 모든 약점과 비열함, 중요하거나 사소한 것에 시달리는 존재인 그가 실제로 생각하는 것도 아니다. 그것은 그가 완전한 사람이 되려는 모습, 그렇게 되어야 하는 모습, 가장 본질적이면서도 심오한 지적 존재, 너덜너덜한 일상과 지상의 흙덩어리에서 모두 벗어난 모습이다. 이런 존재는 시간적 작용으로 감각적인 제한과 섞여서 더 이상 순수하게 빛을 발산하는 원래의 모습으로 존재하지 않는다. 그가 아무리 자신 속으로 깊이 침잠한다고 하더라도 자신은 우울하고 더럽혀져 있다고 생각한다. 어디에도 그가 찾는 오점 없이 하얀 순수함은 보이지 않는다. 이제 그가 절실하게 갈망하는 것은 오로지 원래의 자기 자신으로 돌아가는 것밖에 없다. 그는 이제 자신이 추구하는 목표를 바라본다. 그 목표는 화려하게 빛나지는 않지만, 자신의 본질을 바탕으로 확고부동하게 서 있다. 그래서 그는 그 목표에 쉽게 다가가기 위해 자신에게서 벗어나 생각해야만 한다. **그는 자신과 분리될 수 없는 절대적 가치를 가진 이상적인 존재를 다른 존재에게 투영하게 된다.** 그 말은 그가 그 존재를 사랑한다는 의미가 된다. 스스로 죄를 짓고 죄책감을 느끼는 사람만이 이런 행위가 가능하다. (…) **인간은 사랑을 할 때 비로소 어떤 식으로든 온전한 그 자신이 된다.** 그래서 많은 사람들이 '사랑하고 있는 사람'이 되어서야 비로소 '원래의 나'와 '낯선 너'를 믿기 시작하는 것이 설명된다. (…) 예술가뿐만 아니라 인간을 심리학적으로 고쳐해 줄 수 있는 말이 있다. "나는 사랑한다, 고로 존재한다(Amo, ergo sum)."

## 사랑은 투영 현상

그래서 사랑은 미움처럼 '투영 현상(Projektionsphänomen)'이지 우정과 같은 '수화 현상(Äquationsphänomen)'이 아니다. 우정의 전제 조건은 두 개체에 동등하게 적용되지만, 사랑은 항상 불평등과 부등가성을 전제로 한다. 그 자신이 되고 싶지만 결코 완전하게 될 수 없는 모든 것들이 한 개체에 쌓이게 되는데, 바로 그것을 모든 가치의 척도로 만드는 것을 '사랑한다(lieben)'라고 부른다. 이것이 가장 상징적으로 완성된 것이 바로 '아름다움(Schönheit)'이다. 그래서 사랑하는 아름다운 여인에게 도덕성이 결여되어 있다는 확신이 들 때는 종종 어리둥절해하며 놀라기도 한다. 그래서 그가 속은 것을 자연의 탓으로 돌려 버린다. 왜냐하면 '그렇게 아름다운 육체'가 '그렇게 많이 타락'할 수도 있다고 생각하기 때문이다. 그는 단지 자기가 그녀를 사랑하기 때문에 그녀를 아름답게 생각한다는 사실은 고려하지 않는다. 만약 그렇지 않았다면 겉과 속의 불일치가 그에게 더 이상 고통도 주지 않을 것이기 때문이다. 거리의 평범한 창녀는 '가치를 투영하는 것'이 처음부터 불가능하기 때문에 절대로 아름답게 보이지 않는다. 그녀는 아주 천박한 사람들의 취향만 만족시켜 줄 수 있고, 뚜쟁이처럼 가장 부도덕적인 사람의 연인이다. 여기서 도덕적인 것과 정반대되는 관계가 분명하게 드러난다. 그러나 일반적으로 여성은 윤리적인 모든 것에 무관심하고 '무도덕적'이다. 그렇다고 해서 여성은 본능적으로 아무도 사랑하지 않는 '반도덕적인' 범죄자나 어느 누구나 역겹게 생각하는 악마와는 다르다. 여성은 가치를 전달하는 행위의 바탕이 될 수 있다. (…)

### 아름다움과 도덕성

모든 아름다움이란 항상 최고의 가치를 계속 반복적으로 구현해 보려는 시도를 뜻하기 때문에, 그 아름다움 앞에선 '발견했다는 느낌'이나 어떤 욕망, 어떤 이기적인 욕심도 침묵한다. 인간이 아름답다고 생각하는 모든 형태는 관습적인 것과 관념적인 것을 도덕적인 것으로 바꾸어 버리는 **인간의 미학적 기능**에 힘입어 최상의 것을 구현해 보려는 시도들이다. 아름다움이란 완전함의 상징이 겉으로 드러나는 것이다. 그렇기 때문에 아름다움은 손상될 수 없고, 그렇기 때문에 아름다움은 정적이지 역동적이지 않으며, 그렇기 때문에 아름다움에 대한 반응이 변할 때마다 그 아름다움은 효력을 잃게 되고, 아름다움의 개념도 파괴된다. 근본적으로 자기 자신의 가치에 대한 사랑과 완벽함에 대한 동경이 아름다움을 만들어 낸다. 그래서 범죄자들은 결코 인식하지 못하는 자연의 아름다움이 탄생된다. 왜냐하면 바로 '윤리'가 자연을 창조하기 때문이다. 그래서 자연이 언제 어디서나 크든 작든 간에 '완성된 인상'을 불러일으킨다는 사실이 설명될 수 있다. 따라서 자연의 법칙도 도덕률의 감각적인 상징일 따름이다. 자연의 아름다움은 마치 영혼이 두드러지게 우아해 보이는 것과 같다. 그래서 논리학은 실현된 윤리다. 사랑이 실제로 존재하는 여성 대신에 어떤 새로운 여성을 남성에게서 만들어 내듯, 삼라만상을 에로틱하게 만드는 예술은 혼돈으로부터 우주의 다양한 형태를 만들어 낸다. 형태나 자연의 법칙이 없는 자연의 아름다움이 없듯이, 형태 없는 예술도 없고, 예술의 법칙을 따르지 않는 예술의 아름다움도 없다. 왜냐하면 자연의 아름다움은 자연의 법칙과도 같은 '도덕률'로 실현된 예술의 아름다움을 보여 줄 뿐만 아니라, 자연의 합목적성과도 같은 '조화'를 보여 주기 때문이다. (…)

### 사랑과 구원의 필요성

사랑을 할 때 사람에게 가해지는 죄과는 내가 이미 모든 사랑의 전제 조건이라고 말했던 죄책감에서 벗어나려는 바람이다. 이미 저지른 죄과를 자신이 떠맡아 계속되는 삶 속에서 속죄하는 대신에, 사랑은 자신의 죄과에서 벗어나 그것을 잊어버리려는 시도이자 행복해지려는 시도다. 완전함의 이념을 스스로의 행동으로 실현하는 대신에 사랑은 그 이념이 이미 실현되었음을 보이려고 한다. (…) 사랑은 시간을 뛰어넘고 인과관계를 넘어선다. 사랑은 자신과는 무관하게 갑자기 그리고 직접 순수성을 얻으려고 한다. 그래서 내부에서 발생한 기적이 아니라 외부에서 발생한 기적으로서의 사랑은 불가능할 뿐 아니라 결코 그 목적을 성취할 수 없다. 아주 엄청난 방법으로 정말로 사랑할 능력을 갖춘 사람이 있다면 최소한 가능할지도 모른다. 사랑은 가장 위험한 자기기만이다. 왜냐하면 사랑이 선(善)을 쟁취하기 위해 투쟁하라고 가장 강하게 요구하는 것처럼 보이기 때문이다. 보통 사람들은 사랑을 통해 비로소 '고상함(Veredlung)'을 경험하고 싶어 한다. 좀 더 영리한 사람은 그 속임수에 넘어가지 않으려고 조심할 것이다.

사랑하는 사람은 자기가 사랑하는 존재에게서 자신의 영혼을 찾는다. 이 점에서 사랑은 자유롭기 때문에 단순히 1부에서 다루었던 성적 매력의 법칙에 구속되지 않는다. 왜냐하면 여성의 심리적 생활이 영향을 주어 예외적으로 '이상화 작업(Idealisierung)'에 쉽게 적응하면, 사랑이 훨씬 수월해지기 때문이다. (…) 섹슈얼리티와 에로틱 사이의 모든 대립에도 불구하고, 그 사이의 유사성은 분명히 있다. 섹슈얼리티는 여성을 쾌락과 혈연적 자식을 얻기 위한 수단으로 이용하고, 에로틱은 가치와 정신적인 자식, 그리고 '생산'을 위한 수단으로 이용한다는 점이다. (…) 사랑은 아름다움과 관계가 있는 것이 아니라, 아름다움 안에서 좋은 것과 나쁜 것을 만들어 내는 것과 관계가 있다. 마치 저속한 성적 충동이 종족의 존속과 관련이 있듯이, 정신의 불멸성과도 관련이 있다. 모든 아버지는 혈연적 아버지든 정신적 아버지든 간에 자식에게서 자기 자신을 발견하려고 한다. 자기 자신의 이념이 구체적으로 구현된 것이 바로 자식이다. 마치 이념이 사랑의 본질을 이루고 있듯이. 그래서 예술가들은 종종 예술 작품을 창조하기 위해서 여성을 찾는다. (…)

### 사랑과 자식

이것은 단순히 형식적인 유추가 아니다. 그리고 정신적 '배태 능력'이나 정신적 수태나 생산, 또는 플라톤의 말에서처럼 '심오한 의미의 정신적 자식'은 우연한 언어적 일치를 단순히 과대평가한 것이 아니다. 육체적 섹스가 지속적으로 고유한 형태의 기초를 다지는 유기체적 존재의 시도이듯이, 각자의 사랑도 근본적으로는 영혼의 형태, 개성을 궁극적으로 실현해 보려는 노력이다. **여기에 자신을 영원히 남기고자 하는 모든 의지와**(이것을 섹스와 에로틱의 공통적 특성이라고 부를 수 있다) **자식을 연결해 주는 다리가 놓여 있다.** 성적 충동과 사랑은 자기 자신을 현실화하는 두 가지 시도다. 첫 번째 시도는 육체적으로 똑 닮은 모습을 통해 개체를 영원히 남기려고 하는 것이고, 두 번째 시도는 정신적으로 똑 닮은 모습을 통해 두 번째 개성을 영원히 남기려는 것이다. 그러나 천재적인 인간만이 전적으로 비감각적인 사랑을 안다. 그리고 그만이 시간에 제한을 받지 않는 자식들을 만들어 내려고 한다. 그 자식에게서 그의 가장 심오한 정신적 본질이 나타나는 것이다.

### 왜 남자는 여자를 사랑하는가?

인간이 되어 가는 과정에서 아마도 남성은 형이상학적이고 시간을 초월한 의식을 통해 '신적인 것'을 갖게 되고, 자기 자신만을 위해 영혼을 갖게 되는 것인지도 모른다—어떤 연유와 동기로 이런 일이 발생할 수 있는지는 물론 알아낼 수가 없다—. 이런 부당함 때문에 남성은 이제 사랑의 고통으로 속죄한다. 어떤 사랑 속에서 그리고 어떤 사랑으로, 남성이 여성에게 빼앗아 온 영혼을 다시 돌려주려고 노력한다. 남성은 그 도둑질로 인해 그녀 앞에서 죄책감을 느끼기 때문에 그녀에게 영혼을 선물하려는 것이다. 왜냐하면 바로 사랑하는 여성에 대해, 그렇다, 오직 그 여성에 대해서만 수수께끼 같은 죄의식이 가장 강하게 그를 누르고 있기 때문이다. 그렇게 돌려주어 자신의 죄를 속죄하려고 하는 시도에 전혀 가망이 없을 때, 왜 행복한 사랑이 존재하지 않는지가 잘 설명될 것이다. 그래서 이 신화는 어떤 극적인 신비에 대한 악의적인 비방이 아니다. 그러나 학문적인 고찰의 경계, 그리고 학문적-철학적 고찰의 경계도 그 신비로 인해 훨씬 넘어선다.

여성이 원하지 않는 것은 위에서 분명히 제시되어 있다. 그러나 마음속으로 가장 간절히 바라는 것, 여성이 마음속으로 가장 바라는 것이 남성의 바람과 정반대라는 사실을 이제 보여 주도록 하겠다.

# 12장
# 여성의 본질과 그 우주적 의미

"맨 처음에 남자와 여자가 함께
인간을 만든다."
—칸트

## 평등과 대등

(…) 남성과 여성의 도덕적, 지적 평등을 믿지 않아도 법적 평등은 물론 요구할 수 있다. 더군다나 여성에 대한 남성의 어떠한 야만적 행동도 비난받을 수 있다는 데에 아무런 반대도 하지 않는다. 그러나 측정할 수 없이 엄청난 본질적인 차이를 여기서 오해할 필요는 없다. 어떤 식으로든 '초감각적인 것'이 아직 살아 있지 않은 남성은 없으며, 전혀 선하지 않은 남성도 없다. (…) 어느 누구도 가장 아래에 서 있는 여성을 괴롭히거나 억압할 권리를 갖고 있지 않다. 법 앞에서의 평등을 정당하게 주장한다고 해서 인간을 속속들이 아는 사람의 확신이 흔들리지는 않을 것이다. 즉, 남성과 여성 사이에 생각 가능한 정반대의 대립

성이 존재한다는 확신 말이다. (…)

여성은 깊거나 고귀하게 생각하지 않고, 예리하거나 솔직하지도 않다. 오히려 정반대다. 우리가 지금까지 살펴본 바에 따르면 여성은 결코 '곰곰이 생각하지' 않는다. 여성은 전체적으로 '깊이 생각하지 않는 존재(Un-Sinn)'다. 그러나 그렇다고 해서 여성이 단순하다는 것은 아니다. 이런 사실을 개념에 연결해 보면, 여성에게는 일상생활에서 가장 간단하고 실제적인 방향감각이 결여되어 있다는 뜻이다. W는 가까이에 있는 이기적인 목적을 성취하는 것이 문제가 될 때는 M보다 훨씬 교활하고 이해타산적인 경우가 일반적으로 더 많다는 것이다.

그렇다면 여성은 전혀 의미가 없다는 것인가? 여성은 실제로 보다 일반적인 공통의 목적을 전혀 따르지 않는 것인가? 아무리 여성이 불합리하고 공허하다고 해도 목적지나 세계 전체에서의 특정한 목적이 여성의 기초를 이루고 있지 않을까? 여성은 어떤 임무를 수행하는가? 아니면 그 존재는 우연한 존재인가 아니면 어리석은 존재인가?

나중에 이 의미를 밝히려면 일단 한 가지 현상에서부터 출발해야 한다. 그것은 오래되고 널리 알려진 사실로서 아직까지 한 번도 보다 진지하게 주의를 끌지 못했거나 가치를 인정받지 못했다. 그것은 다름 아닌 '중매(Kuppelei)' 현상으로, 여성의 본성을 가장 깊고 근본적으로 들여다볼 수 있게 해 준다. (…)

### 본능적 충동

여기서 이미 여성들은 자기 안에 자리 잡고 있는 본능적인 충동만을 따른다는 사실을 볼 수 있다. 그럼에도 불구하고 자기 딸들을 결혼시키려고 노력한다. 논리적인 생각에서가 아니라 아주 사소한 것에 불과한 물질적인 생각에서 이 목적을 위한 어머니들의 끝없는 노력이 솟아나는 것이다. 이런 노력은 자기 딸이 자신의 바람을 표시했거나 하지 않았거나 상관없이 이루어진다(그래서 종종, 특히 남자를 선택하는 데에서 딸의 바람과 어머니의 바람이 서로 다른 경우도 발생한다). 그러나 중매는 모든 사람들에게 일반적으로 퍼져 있는 현상이고, 자기 딸에만 한정되어 있지 않기 때문에 여기서는 모성애의 '이타적'이고 '도덕적'인 행동에 대해서만 언급할 수 있다. 여성들의 중매행위에 대해서 누가 비난할 수도 있겠지만, 분명한 사실은, 대부분의 여성들은 귀한 자기 자식들의 미래를 제때에 걱정하는 것이 자신들의 임무라고 대답할지도 모른다는 것이다.

어머니가 자기 딸을 결혼시킨다는 것은 다른 처녀에게

남자를 마련해 주는 것과 차이가 없다. 딸을 결혼시키는 과제를 가족 내에서 먼저 해결하는 것뿐이다. 도처에서 벌어지는 중매도 거의 같다. 자기 딸을 중매시키는 것은 심리적으로 다른 처녀를 중매시키는 것과 아무런 차이가 없다. 내가 주장하는 것은, 한 낯선 남자가 비록 평범한 의도로 별로 따지지도 않고 자기 딸을 얻고 싶어 하거나 유혹하더라도 기분 나빠할 어머니는 없다는 것이다. (…)

### 특수한 경우로서의 성적 충동

섹스에 대한 생각을 여성들은 지속적으로 그리고 어떤 형태로 이루어지든(심지어 동물들이 하더라도) 강하게 받아들이지 결코 거부하지 않는다. 여성은 섹스에 대해 부정하지 않고 그 진행 과정에서 역겨운 것도 역겹게 느끼지 않으며, 그렇다고 당장 다른 생각을 하려고 하지도 않는다. 오히려 그 생각에 완전히 사로잡혀서 다른 특성의 섹스 생각으로 넘어갈 때까지 끊임없이 계속한다. 이로써 여성들의 수수께끼 같은 심리적 삶의 큰 부분을 설명할 수 있다. 자신이 섹스의 대상이 되고 싶은 욕구가 비록 여성에게서 가장 강한 욕구이지만, 그것은 **오로지 섹스를 갈망하는 여성의 가장 깊고 가장 절대적인 관심의 특수한 경우**일 뿐이다. 가능한 한 많이, 언제나 누구에 의해서, 언제든지 섹스의 대상이 되고자 하는 바람의 특수한 경우인 것이다. (…)

여성 본래의 섹슈얼리티를 중매 행위 아래에 두고 섹슈얼리티의 특수한 경우로 파악해도 된다는 사실은 결혼한 남성들과의 관계에서도 분명하게 드러난다. 여성들은 모두 중매쟁이이기 때문에 남성의 독신 상태에 거부감을 갖고 있다. 그래서 여성들은 모두 그런 남자들을 결혼시키려고 노력한다. 그러나 이미 결혼한 남자라면 이전에는 대단히 마음에 들었다고 하더라도 관심이 급격하게 떨어진다. 그리고 여성들도 자신이 이미 결혼한 상태라면, 더 이상 모든 남자가 자신이 돌보아 줘야 하는 대상이라고 생각하지 않는다. 그러니까 남편은 더 이상 독신인 다른 남자만큼 고려의 대상이 되지 않는다고 생각해야 한다. 여성들은 바람피우는 주부라고 해도 다른 여자의 남편에게 거의 애교를 부리지 않는다. (…) 중매 행위는 일반적인 여성들이 갖고 있는 가장 일반적인 특성이다. (…)

### 영향력과 수동성

앞서 언급한 여성의 감춰진 모순을 이해하기 위해서 우선 여성들이 엄청나게 영향을 쉽게 받는다는 사실, 다른 말로 표현해서 감동을 잘 받는다는 사실을 기억해야만 한다. (…) M의 견해도 W의 견해가 되며, 그가 선호하는 것도 그가 개인적으로 아주 싫어하는 것과 함께 그녀에게 전달된다. 그의 한마디는 그녀에게 하나의 사건이며, 그 강도가 강하면 강할수록 그는 성적으로 그녀에게 더 큰 영향을 미친다. 이런 남성의 영향력을 여성은 자기 발전이 나아가는 길의 전환이라고 느끼지 않는다. 여성은 남성의 영향력을 낯선 방해물이라고 방어하지 않으며, 자신의 내부 삶으로 파고들어 오는 개입이라고 그에게서 빠져나오려고 노력하지도 않는다. 여성은 자신이 수용적이라고 해서 부끄러워하지 않는다. 반대로 여성은 자신이 그렇게 될 수 있는 것이 행복하게만 느껴지면서, 자신에게 정신적으로도 수용하라고 남성이 강요하기를 원한다. 여성은 언제나 기꺼이 남성과 연결되기 때문에, 여성이 남성을 기다리는 것은 자신이 완전히 수동적이 될 수 있는 그 순간을 기다리는 것일 따름이다.

그러나 여성은 '제대로 된' 남자뿐만 아니라(물론 그녀가 가장 바라는 바이지만) 아버지, 어머니, 삼촌, 숙모, 형제자매, 가까운 친척들, 심지어 지인들로부터도 그들이 믿고 생각하는 것들을 받아들인다. 그들에게서 하나의 의견이 만들어지는 것이 기쁜 일이다. (…) 예를 들어 더 마음에 드는 화장이나 헤어스타일, 눈길을 더 끌 수 있는 자세를 너무나 자연스럽게 모방한다. 심지어 다른 사람들이 쇼핑한 가게와 요리법까지 말이다. 이런 상호 모방이 자신의 품위를 해친다는 느낌도 없다. 이런 현상으로 미루어 보아 아마도 여성들은 자신의 법칙을 따르기만 하려는 개성을 소유한 듯이 보인다. 그래서 여성적 생각과 행동의 이론적인 바탕을 이루고 있는 것은 '전해 내려오는 것'과 닥치는 대로 '받아들인 것'의 혼합물이며, 한 여성이 어떤 확신을 객관적인 관점에서 결코 스스로 도출하지 못하는 것과 비교해서도, 더 열심히 낚아채서 더 독단적일 정도로 이런 것들에 집착하게 된다. 더 자세히 말해서, 변한 관점을 결코 포기하지 않으면서도 스스로 자신의 생각 위에 결코 서 있지 못하고, 오히려 끈질기게 고집을 부릴 수 있는 어떤 의견이 자신에게 주어지기만을 항상 바랄 뿐이다. 그래서 여성들은 승인된 도덕과 풍속에 위배되는 일이 벌어졌을 때 가장 참지 못하고 그런 내용을 감시하는 '기관'이 되고자 하는 것이다. (…)

여성의 외적인 것으로 여성을 이렇게 극단적으로 규정하는 것은 근본적으로 남성보다 훨씬 크고 예외가 없는 '암시성(Suggestibilität)', 즉 쉽게 암시가 먹혀들어 가는 성격에 있다. 이 두 가지는 여성이 성행위와 그 전 단계에서 결코 능동적인 역할을 수행하고 싶지 않은 것과 일치한다.[37] 이것이 여성의 본성이 갖고 있는 **일반적인** 수동성이고, 결국 여성들로 하여금 남성들의 가치평가를 이유도 전혀 모른 채 받아들이고 수용하게 만든다. 남성의 관점이 이렇게 스며들 수 있다는 사실, 여성들의 생각에 낯선 요소들이 이렇게 파고들어 갈 수 있다는 사실, 이렇게 허위적으로 도덕성을 인정하는 사실을 위선이라고 부를 수는 없다. 왜냐하면 그 위선으로 어떤 반도덕적인 것을 숨기려 하지 않고, 그 자체로 서로 이질적인 계명을 이렇게 수용하고 적용하기 때문이다. (…)

## 여성의 유기체적 거짓말

공동체를 최고의 가치로 긍정적으로 평가하는 것은 여성의 경우 완전히 무의식적이다. 그것은 남성과는 달리 이 긍정적인 평가에 다른 가능성을 염두에 두고 부정하지 못하기 때문이다. 여성에게는 이것을 인식할 수 있는 이중성이 결여되어 있다. 여성은 자신이 중매를 할 때 무슨 일을 하고 있는지 알지 못하고 알 수도 없다. **여성성 자체는 중매 행위와 동일하다.** (…)

---

37) 활동적이고 민첩한 작은 정자가 느긋하게 쉬고 있는 큰 난자를 찾게 된다.

그러나 섹스나 뻔뻔함, 그리고 거짓말 그 자체에 대한 남성의 사회적 판단을 자기 것으로 만들 때, 여성이 저지르는 거짓말이 실제로 자신의 도덕적인 행동과 판단에서 나온 것이라고 확신한다. 여성은 모든 행동에 대한 남성적 잣대를 자기의 잣대로 만드는 이런 거짓말을 스스로는 전혀 의식하지 못한다. 그래서 여성은 두 번째 본성을 갖고 있는데, 이 본성이 자신의 진정한 본성이 아니라는 사실도 알지 못한다. 여성은 진지하게 행동하면서 뭔가 된 듯이, 그리고 뭔가를 확신하고 있다고 생각한다. 거짓말은 그렇게 깊숙이 자리를 잡고 있어 **유기적** 거짓말이라고 말하고 싶다. 여성은 **존재론적으로** 거짓말쟁이다. (…)

### 히스테리 '메커니즘'의 심리학적 도식

내가 생각하기에 사람들은 히스테리 발작에 대해, 너무 기계적으로 성적인 '트라우마' 경험이 가장 빈번히 발생하는 발병의 원인이라는(프로이트 혼자의 주장에 따라) 가정 아래 생각해 왔다. 어떤 성적 인식이나 생각을 갖고 있던 여성은 그 생각을 원래의 관계, 즉 자기 자신에게 연결해서 이해했지만, 이제 자기에게 몰려와서 완전히 받아들여져 자기 안에서 전환되어, 그녀의 깨어 있는 의식을 유일하게 지배하고 있는 남성의 평가를 모든 근거로 삼아,

자신의 인식과 생각을 거부하고 화를 내며 불행해한다. 동시에 여성으로서의 특성 때문에, 그런 인식과 생각을 긍정적으로 평가하거나 시인하면서 마음속 깊이 무의식 속에서는 원하고 있다. 그런 생각을 하면서 이런 갈등이 곪고 커져서 가끔 발작을 일으키는데, 이러한 여성이 어느 정도 히스테리 질환의 전형적인 모습을 갖고 있다. 그래서 그녀가 생각하듯이 사람들이 싫어하지만 실제로는 그녀 안의 무엇인가로부터, 원래의 본성에 의해 원하던 '의식속의 낯선 육체'로서의 성행위에 대한 감정이 설명된다. 이것을 억압하려고 할 때마다 상승하는 바람이 너무 강해서 이에 대한 생각은 더욱 강하고도 모욕감을 느끼면서 거부하게 된다. 이것이 반복되면서 히스테리 현상으로 나타난다. 왜냐하면 여성의 만성적인 거짓말은 중요한 문제에까지 다다랐을 때, 여성이 섹스에 대한 남성의 도덕적이고 부정적인 평가를 수용했을 때 급성으로 나타나기 때문이다. 히스테리를 보이는 여성들이 남성에 비해 강한 수용성을 가지고 있다는 사실은 이미 알려져 있다. 따라서 **히스테리는 여성의 '유기체적 거짓말'의 유기체적 위기다**. 내가 부정하지 않는 것은, 여성에 비해서 흔하지는 않지만 히스테리를 부리는 남성들도 있다는 사실이다. 남성의 심리에 들어 있는 무한한 가능성들 중 하나로, 자신이 여성이 되어서 가능하면 히스테리도 부려 보려는 사람이 있다. 물론 거짓말을 하는 남성들도 있다. 그러나 그 위기는 다르게 진행된다. (…)

**히스테리적인 상태**

히스테리는 모든 것을 무의식 상태로 억압하기 때문에, 허위성이 너무 깊이 잠재해 있지만 아직 확고하게 자리 잡지 못하고 있다는 것을 보여 준다. 여성은 자신에게 낯선 생각과 가치평가 시스템 전체를 교육과 교류를 통해 자신의 것으로 만들었다. 오히려 자신에게 영향력을 행사하는 모든 것을 순종적으로 허락했다. 그리고 자기 안에 확고하게 뿌리내린 심리적 콤플렉스를 제거하기 위해 아주 강력한 충격이 필요했다. 그래서 여성은 히스테리의 특징적인 현상인 '아불리(Abulie)', 즉 지적으로 속수무책인 상태로 빠지는 것이다. 예를 들어 소스라치게 놀라는 것은 인위적으로도 할 수 있고, 여성으로 하여금 자신의 무의식적으로 억눌린 본성이 의식적이기는 하지만 낯선 정신과 싸움을 벌이게 할 수도 있다. (…)

가장 이상한 것은 히스테리를 보이는 사람들에게 항상 많은 모순이 함께 나타난다는 사실이다. 그들은 한편으로 엄청나게 비판적인 이성과 확실한 판단력의 소유자이자 최면에 잘 걸리지 않지만, 다른 한편으로 아주 사소한 이유에도 가장 강하게 반응하며 최면에 의한 수면에도 가장 깊이 빠질 수 있다. 여기서 미루어 보면 그들은 비정상적으로 정숙하지만, 그 점을 두고 보면 엄청나게 감각적이다.

### 그 특징적인 변화 : '개성의 분열'

이런 사실에 따라 이 모든 것을 설명하는 것은 더 이상 어렵지 않다. 철저한 정직성, 고통스러울 정도의 진리에 대한 사랑, 성적인 것을 단호하게 피하는 것, 신중한 판단, 강한 의지, 이 모든 것은 가짜 개성의 일부에 불과하다. 여성은 이런 개성을 자신의 수동성으로 자신과 모든 세상 앞에서 연기하기 위해 수용했던 것이다. 자신의 원래 특성에 속하고 또한 의식하고 있는 모든 것은 앞서 말한 '쪼개진 개성', '무의식적 심리'를 형성해서, 음란함에 빠져들 수 있게 하고 그렇게 강한 심리적 영향력을 발휘하는 것이다. 사람들은 이러한 사실들을 '이중적(duplex)' 그리고 '복합적 개성(multiplex personality)', '이중적 양심(double conscience)', '이중 자아(Doppel-Ich)'라고 부르는데, 영혼이 하나라는 가정을 반대하는 가장 강력한 증거의 하나로 보려고 했었다. 실제로 이러한 현상들은 영혼이 하나라고 말해야 하는 가장 중요한 암시다. '개성의 분열'은 처음부터 어떤 개성도 없을 때만 가능하다. 여성의 경우처럼 말이다. (…) 히스테리 자체는 겉으로 드러난 피상적인 '거짓 자아(Schein-Ich)'가 파산하는 것이다. 그래서 히스테리는 여성을 때때로 내적으로 거의 '백지 상태(tabula rasa)'로 만들기도 한다. 이때 그녀에게서 나오는 충동은 모두 마치 사라진 듯이['위축증(Anorexie)'] 보인다. 실제적인 여성성이 자신의 위선적인 거짓을 마침내 극복하려고 하게 된다. (…)

### 여성의 무의식적 허위성

진리에 대해 여성들이 무능력한 것은 여성의 '허위성(Verlogenheit)'에 기인한다. 나는 칸트의 '미결정주의(Indeterminismus)'에 기초를 두고 있으며, 여성이 진리에 대한 자유 의지가 결여되어 있다는 주장을 따르고 있다. 여성들과 같이 일해 본 사람은, 그 여성들이 대답해야 하는 질문에, 현재 상황에 구속되어 자신이 말했고 행동했던 것에 대해 완전히 임의적인 근거를 내세워 종종 임기응변식으로 대답한다는 것을 알고 있다. 히스테리 증상을 보이는 여성들이 (어떤 분명하고 구체적인 의도도 없이) 다른 사람들 앞에서 진실이 아닌 것은 모두 지나칠 정도로 피해 버리는 일은 당연한 현상이다. 그러나 모순적으로 들릴지는 몰라도 바로 여기에 그녀의 허위성이 있다. **왜냐하면 그런 여성들이 오로지 진리만을 요구하고 있는 것이 사실은 외부로부터 들어와서 점차 자기 안에 이식되어 있었다는 사실을 자신은 모르기 때문이다.** 그렇기 때문에 그런 여성들은 도덕적 요구를 하인처럼 받아들였고, 용감한 하인처럼 어떤 경우에도 자신들이 그 요구를 따르고 있다고 말한다. (…)

## 인간과 동물

아마도 기억할지 모르지만, 동물의 재인식이나 일반적인 유기적 훈련 능력에 대한 심리적 보상은 인간의 기억과 완전히 다른 것이거나 비슷한 것으로 구분했었다. 그 두 가지가 시간적으로 제한된 일회성의 인상으로 영원히 영향을 미치는 것을 의미하는 반면에, 기억의 본질은 직접적이지만 수동적인 인식과는 다르게 과거의 일을 능동적으로 재생산해 내는 데 있다. 모든 유기체의 특성인 단순히 '자의식을 찾아가는 과정(Individuation)'은 인간만이 갖고 있는 '개성(Individualität)'과는 다르다. 결국에 가서 성적 충동과 사랑 사이의 정확한 구분이 필수 불가결하게 느껴지게 된다. 그래서 인간을 만물의 영장이라고 말할 수 있는 것이다. 그럼에도 이 두 가지는 (자신을 영원하게 만들려는 노력으로서) 서로 공통점도 있고, 숭고한 점이 있다는 사실에서는 서로 유사했다.

또한 가치에 대한 의지가 인간을 나타내는 특징으로 내세워지는 반면에, 동물은 단지 쾌감(Lust)만을 추구할 줄 알지 가치 개념은 모른다.[38] 쾌감과 가치 사이에는 유사성이 있지만 그것은 근본적으로 다른 것이다. 쾌감은 열망하는 것이지만 가치는 마땅히 열망되어야 하는 것이다. (…)

더 나아가서 지금까지 거의 건드리지 않은 구분들조차 대부분 주의를 기울이지 않았다. '협소한 의식'은 동물적이고, '능동적 관심'은 오로지 인간적이다. 이 두 가지를 다 가지고 있다고 누구나 분명히 알고 있다. 공통점도 있지만 차이점도 있다. 충동과 의지를 너무 자주 혼동하는 것도 마찬가지다. 충동은 모든 생명체가 공통적으로 가지고 있지만 인간에게는 의지가 하나 더 추가된다. 의지는 자유로우며 전혀 심리적 사실이 아니다. (…)

여기서, 인간에게는 다른 모든 생명체의 특성과 비교해서 비슷하면서도 보다 높은 특성이 있음을 알 수 있다.

---

38) 141쪽과 177쪽 참조.

| 동물적이고, 경우에 따라서 대체로 유기체에게 주어진 공통점 | 인간에게만, 경우에 따라서 남성에게만 주어진 특이점 |
|---|---|
| 자의식을 찾아가는 과정 | 개성 |
| 재인식 | 기억 |
| 쾌감/욕망 | 가치 |
| 성적 충동 | 사랑 |
| 좁은 의식 | 관심 |
| 충동 | 의지 |

아주 오래전부터 이 두 가지를 같은 것으로 보려는 경향이나 이것을 나눌 필요가 있었던 것은, 어떤 공통점이 있다는 사실을 시사해 준다. 이것은 각 공통점과 특이점을 이루고 있는 요소들을 서로 연결해 주지만, 특이점을 이루는 모든 요소들과 구분되기도 한다. 이것은 일단, 마치 인간에게는 보다 높은 특성들로 이루어진 상부구조가 상대적으로 낮은 특성들 위에 놓여 있는 듯한 효과를 나타낸다. (…)

### 대립되는 성의 본질

남성과 여성 사이에 단순히 생리학적이고 성적인 차이를 훨씬 넘어서는 엄청난 차이가 존재한다는 모든 사실은 이 고찰을 진행해 오면서 보여 주었다. (…)

남성과 여성의 의미를 따로 분리해서 연구할 수는 없다. 남성과 여성의 의미는 단지 각각 인정을 받고 서로 비교해서 규정될 수 있다. 서로 비교해 가면서 두 존재의 열쇠를 찾아야 한다. 에로틱의 본질을 규명하려는 시도에서 이미 그 시도를 암시했었다. 남성과 여성의 관계는 바로 **주체와 객체**의 관계다. 여성은 **객체로서 그 완성**을 찾는다. 여성의 일은 남자이거나 자식이며, 아무리 적당히 얼버무리려고 해도 그 외의 것을 자신의 일로 받아들이려 하지 않는다. 왜냐하면 그것은 운명과 같기 때문이다. 한 여성이 진짜로 바라는 것이 무엇인가 하는 것만큼 많이 오해하는 것도 없다. 그 여성에게서 무슨 일이 벌어지고 있는지 관심 있고, 그 여성의 느낌과 희망, 그 여성의 경험과 심리적 특성에 흥미를 느끼고 있는 사람이라도 말이다. 여성은 주체로서 행동하려고 하지 않는다. (…)

객체에 대한 주체의 인식론적 차이는 존재론적으로 말해서 **형태**와 **물질**로 비교할 수 있다. 이 비교는 남성과 여성의 차이를 '선험적인 것(das Transzendentale)'에서 '초경험적인 것(das Transzendente)'으로, '경험 비판적인 것'에서 '형이상학적인 것'으로 바꿔 놓은 것이다. 절대적으로 비개성화된 것인 물질은 어떤 형태든지 수용할 수 있지만, 스스로를 규정하거나 지속적인 특성을 지니지 못한다. 그렇게 본질을 별로 가지고 있지 않은 것은 단순한 느낌처럼 경험의 재료가 되는 데 어울린다. 그러니까 주체와 객체의 대립이 그러한 존재의 대립이듯이(동시에 느낌은 주체에 대립되어 있는 대상이 되었을 때 비로소 현실성을 얻는다), 형태와 물질의 대립은 본질의 차이를 의미한다(물질은 구성 양식이 없어 절대적으로 질과 무관하다). 그래서 플라톤은 물질적인 것, 조형이 가능한 덩어리, 자체로 형태가 없는 무한한 것(ἄπειϱον, Apeiron), 형태를 빚어낼 수 있는 거푸집(ἐϰμαγεῖον, exmageion)의 반죽, 그 형태의 장소(χώϱα, xora), 아무것도 아닌 것(ἐν ᾧ, das en o), 영원한 두 번째, 다른 것, 다른 면(θάτεϱον, thateron) 등을 '존재하지 않는 것(μή ὄν, mh on)'이라고 부를 수 있었다. (…)

플라톤조차 어떤 형태든지 받아들일 수 있는 것을 '이루어지고 있는 모든 것'의 어머니와 유모라고 했으며, 아리스토텔레스의 자연철학은 생산 행위에서 여성의 원칙에 물질적인 역할을 부여하고, 남성의 원칙에 형태를 만드는 역할을 부여했다. 내가 말하는 것이 이런 플라톤과 아리스토텔레스와 커다란 차이가 있는가? 내가 이 견해에 동의하면서 좀 더 확장해서, 인간으로서 여성의 의미는 물질을 대표하는 데 있다고 한다면 자의적인가? 소우주로서의 남성은 보다 높은 삶과 보다 낮은 삶이 결합되어 있으며, 형이상학적 존재와 실체가 없는 것, 형태와 물질의 혼합이다. 여성은 무이며, 물질일 따름이다. (…)

### 우주에서 여성의 의미

순수한 남자는 하느님의 모상이자 절대적인 무엇이다. 여성, 즉 남성 안에 있는 여성은 무의 상징이고, 이것은 우주에서 여성의 의미다. 그렇게 남성과 여성은 서로 보충하고 서로 의존한다. 여성은 남성의 반대로서 세계 전체에서의 의미와 기능을 가지고 있다. 인간인 남성은 동물적 수컷을 뛰어넘으며, 인간인 여성은 동물학에서의 암컷을 뛰어넘는다.[39] 제한되어 있지 않은 존재와 제한되어 있지 않은 '비존재'(동물의 왕국처럼)가 인간 사회에서 서로 싸우고 있다. 여기서 서로 대립하고 있는 것은 제한되지 않은 존재와 제한되지 않은 '비존재'다. 그래서 남성과 여성은 비로소 함께 인간을 형성하는 것이다. (…)

여성의 속성은 모두 비존재라는 데, 본질이 없다는 데 있다. 왜냐하면 여성은 진실하고 변하지 않는 삶을 살아

---

39) 10장의 결론을 참조하라.

가는 것이 아니라, 지상적인 삶을 살아갈 뿐이기 때문이다. 따라서 중매쟁이로서 이러한 삶에서의 생식을 촉진한다. 그래서 여성은 자신에게 감각적으로 작용하는 남성을 통해 근본적으로 개조될 수 있고 수태될 수 있다. 이렇게 이 장에서 밝혀 온 여성의 세 가지 근본적인 특성들이 하나로 통합되고, 비존재 안에서 통합되는 것이다. (…)

그러나 그 사실을 충분히 파악할 수는 있다. 왜냐하면 여성의 존재는 대체로 중매 행위와 모든 섹슈얼리티를 긍정하는 것과 일치하기 때문이다. 중매 행위는 보편적인 섹슈얼리티와 다르지 않다. 즉 '여성이다'라는 말은 세상에서 일반적 섹슈얼리티에 대한 극단적인 경향이 있다는 말과 같다. 중매 행위를 **인과론적으로** 계속 거슬러 올라간다는 것은 **여성의 존재를 설명하는 것과 같은** 의미다.

남성이 성적 충동을 갖고 있는 한 남성은 여성을 만들고, 항상 새롭게 창조한다. 남성은 여성에게 의식을 주듯이(2부 3장 결말) 존재감도 준다. 남성이 섹스를 포기하지 않는 한 여성을 불러낸다. **여성은 남성의 죄다.**

### 여성에 대한 남성의 사랑 : 남성의 속죄

이런 죄를 만회하기 위해서는 남성에게 사랑이 작용해야 한다. 여기서, 앞 장에서 마치 어두운 신화처럼 도입했던 결론들을 밝힐 수 있다. 그때 드러나지 않았던 사실, 즉 여성에게는 남성과 같은 원죄가 없으며, 그렇다고 남성이 여성 앞에 쌓여 있을 수도 있는 어떤 풍요로움을 여성에게서 빼앗아 가지도 않고, 오히려 여성을 처음부터 불쌍하게 생각하는 것이 분명해졌다. 섹스를 긍정해서 여성을 창조함으로써 죄를 저지르고 계속해서 그 죄를 이어 가는 것을, 남성은 에로티커의 사랑으로 여성에게 사죄한다. 그렇다면 언제부터, 절대 만족할 수 없는 사랑의 관대함이 찾아오는 것일까? 어째서 사랑이 어느 다른 존재도 아닌 바로 여성에게 영혼을 선사하기 위해 노력하는 것일까? (…) 여성은 전적으로 남성의 충동이 자신의 목표로 만들어 낸 환각 상태의 모습으로, 자신의 망상이 붙잡으려고 영원히 애쓰는 대상일 뿐이다. 이것은 남성 섹슈얼리티의 객관화된 묘사이자 구체화된 섹슈얼리티이며, 자신의 육체가 되어 버린 죄악이다. 어느 남자나 자신의 모습을 드러내면서 자신을 위해서 한 여성을 만들어 낸다. 어느 남자나 성적 능력을 갖고 있기 때문이다. 그러나 여성 자신은 자신의 죄로 비난받는 것이 아니라 다른 사람의 죄로 인해 비난받는다. 여성에게 던져질 수 있는 모든 비난은 남성의 죄다. 사랑은 그 죄를 극복하는 것이 아니라 덮어야 한다. 사랑은 여성을 돋보이게 하는 것이 아니라 끌어

올린다. 존재하는 뭔가가 아무것도 아닌 것을 자기 품에 감싸고, 세계를 부정(否定)에서 해방시켜서 모든 모순과 화해한다고 생각한다. 이때 존재하는 뭔가가 멀어지게 되면 아무것도 아닌 것은 그대로 사라져 버릴 수도 있다. 여성에 대한 남성의 증오가 아직 확인되지 않은 자신의 섹슈얼리티에 대한 증오인 것처럼, 남성의 사랑은 여성을 여성으로 마음속으로 부인하는 대신에 구출해 내고자 하는 가장 용감하고 대단한 시도다. 단지 그래서 죄의식이 생겨나기 때문에, 사랑을 통해 속죄하는 대신에 죄 그 자체를 제거해야 하는 것이다.

**여성은 죄일 따름이다. 그것도 남성의 죄에 의한 것뿐이다. 만약 여성성이 중매 행위를 의미한다면, 그것은 스스로의 죄를 더 많이 지으려고 노력하기 때문일 뿐이다.** 여자가 다른 것은 할 수 없으면서 단지 자신의 존재와 자신의 모든 본질 때문에 영원히 무의식적으로 영향을 미치는 것은 **남성**의 성향뿐인데, 남성이 갖고 있는 두 번째의, 근절할 수 없는, 남성의 보다 낮은 성향에만 영향을 미칠 뿐이다. (…) 물질은 형태처럼 원인을 규명해 낼 수 없는 수수께끼 같아 보인다. 여성도 남성처럼 무한하며, 존재하지 않는 것은 존재하는 것처럼 영원하다. 그러나 이 영원성은 죄의 영원성일 뿐이다.

# 해설

오토 바이닝거의 《성과 성격(Geschlecht und Charakter)》은 '빈 모더니즘(Wiener Moderne)'의 고전으로 꼽힌다. 이 책은 휴스턴 스튜어트 체임벌린의 책 《19세기의 기초(Grundlagen des 19. Jahrhunderts)》와 비슷하게 보편적인 주장을 대변하고 있으며, 그 중심에 '남성과 여성의 문제(Geschlechterproblematik)'가 있다.

바이닝거는 남성적인 것과 여성적인 것을 정의해 보려고 했다. 이 정의에 모든 생명체에서 그 두 가지 요소를 일정 부분 발견할 수 있다는 가정을 전제로 한다. 이상적인 남성성(M)을 스칼라의 한쪽 끝에 놓으면, 이상적인 여성성(W)은 다른 쪽 끝에 놓이게 된다. 바이닝거는 남성의 특성을 영혼(천재성)과 도덕으로 보았고, 여성의 특성을 감성과 섹슈얼리티 그리고 물질로 보았다. 그렇게 되면 여성에게는 영혼과 도덕적 측면이 열등하게 배열된다(이것은 여성이 비도덕적이라는 것이 아니라 여성에게 도덕적 개념이 없는 것이라고 바이닝거는 설명한다). 그래서 여성은 정신적인 기준과 창조력이 결여되었다고 본다. 반면에 남성적 특성에 천재성을 부여함으로써 남성과 여성의 상이한 개념과 행동상의 특징들을 제시한다.

바이닝거는 인간이 자웅동체의 본성을 지니고 있음을 최초로 인식하고 연구한 사람이었다. 그는 최초로 육체와 영혼의 '양성 이론'을 만들어 냈다. 양성이란 바이닝거에게는 인간의 원래 성향이 양성적이라는 것이며, 남성적 요소와 여성적 요소 중에서 어느 요소가 많은지에 따라 남성 또는 여성으로 불린다는 것이다. 성인의 경우에도 이 대립되는 성향을 잠재적으로 가지고 있는 정도가 여러 가지로 다양하게 나타나기 때문에 '성적 매력의 법칙'에 따라 '보충 관계(Ergänzungsverhältnisse)'가 형성된다고 보았다.

즉, 각각의 개체는 'M'(남성)과 'W'(여성)의 부족한 부분을 완벽하게 보충하려고 노력한다는 것이다. 이상적인 형태를 추상적 개념으로 말한다면 완전한 남성(M)과 완전한 여성(W)은 항상 자신들의 '성적 보충(sexuelles Komplement)'을 찾으려고 노력한다고 보았다. 한 개체가 4분의 3의 M과 4분의 1의 W로 구성되어 있다면, 4분의 1의 M과 4분의 3의 W로 구성된 파트너에게 가장 강한 성적 매력을 느낀다는 것이다. 바이닝거는 양성의 역할과 속박에서 자유의 가능성을 보는 대신에 '극복'하기를 요구한다. 남성이 W 요소를 없애 버려야만 하듯, 여성도 마찬가지로 W 요소를 없애 버려야 한다고 주장한다. 그래서 여성 '해방'의 정도는 여성의 'M-되어 가기 정도'에 달려 있다는 것이다. "여성은 자아를 가지고 있지 않다. 여성은 무(無)다"라는 표현에서 바이닝거의 주장은 극치에 이른다.

오토 바이닝거는 이런 사실을 반유대주의적 관점과 연결한다. 그는 유대인이 '여성성'에 완전히 젖어 있는 것으로 보았기 때문에, '유대인'은 여성적이라는 비유를 이끌어 냈다. 그러니까 여성과 유대인은 단지 섹스, 육체, 물질일 뿐이며, 정신과 영혼이나 도덕도 없고, 성적 금욕 생활도 불가능하기 때문에 일종의 위협적인 존재라고 보았던 것이다. 그럼에도 불구하고 조그만 희망이 있다고 한다면, '인간'이 되기 위해서, 아니 '남성'이 되기 위해서 스스로와 싸워서 내적으로 유대주의를 이겨 내야만 한다고 주장한다. 따라서 그는 새로운 남성성 위에 세워져야 할 새로운 인류를 요구한다. 예수 그리스도도 유대인이었지만 자신 안에 있는 유대인적 특성을 가장 완벽하게 극복해 냄으로써 '가장 위대한 인간'이 될 수 있었다는 것이다. 즉, 자신의 본질을 '완전히 부정함'으로써 유대인이라는 자신의 '원죄'를 씻어 낼 수 있었다는 것이다.

바이닝거의 이러한 주장은 20세기 반유대주의 역사에서 문학적으로 큰 영향을 끼쳤다. 그가 '유대인'이라고 말하는 것은 극단적으로 부정적인 의미를 담고 있기 때문이었다. 반유대주의를 선동할 때 바이닝거의 주장을 받아들여 항상 기독교와 유대교를 대립시켰던 것이다. 바이닝거는 유대인들이 사회 질서를 위협하는 가장 중요한 요소에 속한다고 주장했다.

세기말에 유대교에서 기독교로 개종하는 유대인들은 항상 있었다. 그러나 이런 주장들은 카를 크라우스(Karl Kraus)와 아우구스트 스트린드베리에 의해 공격을 받았고, 엘리아스 카네티, 로베르트 무질, 게오르크 트라클, 루트비히 비트겐슈타인 등에 많은 영향을 주었다.

바이닝거의 마지막 일기에 다음과 같은 대목이 있다. "여성에 대한 혐오는 바로 자신이 극복하지 못한 섹스에 대한 혐오나 다름없다." 바이닝거의 죄의식은 자신의 시스템에 갇혀서 탈출구마저 잃어버린 셈이 된 것이다. 그의 이론을 비판적으로 판단하기 위해서는 유고에 나타나는 망상에 가까운 경향을 자세히 들여다봐야 한다. 모든 생명체에서 남성적 요소와 여성적 요소가 함께 유희하고 있다는 기본적인 인식은 맞고도 혁명적인 것이었다. 이에 따른 강한 반유대주의 경향은, 몇몇 주장들은 다른 철학자나 심리학자들의 책에서도 명백하게 찾아볼 수 있음에도 불구하고 학문적인 토론에서 계속해서 주목을 받지 못했다.

바이닝거가 《성과 성격》에서 주장했던 반여성적 요소들은 물론 너무 극단적인 면이 있다. 그러나 그가 내세웠던 '이상적인 남성형'인 M이나 '이상적인 여성형'인 W도 현실에서는 존재하지 않음을 자신도 인정하고 있다. 그래서 어느 남성도 M이 아니고, 어느 여성도 W가 될 수가 없다. 따라서 바이닝거가 내세웠던 각각의 성에 따른 '성격' 또는 '특성'이 어떤 남성이나 여성의 성격에 공동으로 들어 있다. 문제는 그런 요소들을 한 개체가 얼마만큼 갖고 있느냐다. 그래서 바이닝거의 주장처럼 모든 남성이 '남성적 요소'만을 가지고 있고 모든 여성이 '여성적 요소'만 가지고 있다고 생각하지 않고, 기억-논리-윤리-자아-천재성-불멸의 필요성(영혼)의 관계에서, 내가 어느 정도 'M적 요소'와 'W적 요소'를 갖고 있는지 고려해 보고 자신에게 적용해 보면, 자신의 M의 정도와 W의 정도를 파악해 볼 수 있을 것이다. 뿐만 아니라 자신의 '논리-윤리'에의 의지를 측정해 보는 것도 흥미로울 것이다.

이 책은 오토 바이닝거의 《Geschlecht und Charakter》(Gustav Kiepenheuer Verlag / Wilhlem Braumüller

Verlag, 1932)을 저본으로 삼았고, 그의 박사 학위 논문인 〈에로스와 프시케. 생물학적-심리학적 연구(Eros und Psyche. Eine biologisch-psychologische Studie)〉에 해당하는 부분을 중심으로, 독자에게 바이닝거의 복잡한 사상의 핵심을 간단하게 소개하기 위해 28%를 발췌했다. 그가 《성과 성격》을 출간하면서 추가한 세 개의 장 중에서는 〈여성의 본질과 그 우주적 의미〉만 발췌 수록했고, 나머지 두 개의 장인 〈유대주의〉와 〈여성과 인류〉는 완역본에 실었다. 이 발췌본을 읽고 바이닝거의 주장을 보다 상세하게 알고 싶은 독자는 완역본을 읽기 바란다. 본문 안의 소제목들은 저본의 차례에 나와 있는 소제목을 옮긴이가 내용에 맞게 따서 붙인 것이다.

2012년 2월 沌沌齋에서 옮긴이

# 지은이에 대해

오토 바이닝거는 1880년 4월 3일 빈의 유복한 유대인 가정에서 태어나 1903년 10월 4일 23세의 나이로 자살한 오스트리아의 철학자다. 그는 극단적인 이론을 펼친 자신의 저서《성과 성격》과, 베토벤이 숨을 거둔 집에서 자살한 것으로 유명하다. 바이닝거는 자신도 유대인임에도 불구하고 죽기 전까지 극도의 반유대주의와 반페미니즘, 육체 혐오적인 자세를 견지했다. 그는 또한 최초로 남성과 여성에 대한 철학적-심리학적 이론을 전개했으며, 그 이론의 중심에 인간의 '양성(Bisexualiät)' 이론이 있다. 바이닝거는 엄청난 이론을 쏟아 놓고 너무 젊은 나이에 자살함으로써 신화가 되었고, 그의 책은 베스트셀러가 되었다.

그는 유대인 금세공사인 아버지 레오폴트 바이닝거(Leopold Weininger)와 헝가리 유대인 출신인 어머니 아델하이트(Adelheid) 사이에서 태어났다. 초등학교와 인문계 고등학교를 다닐 때부터 다방면에 재능을 보였으며, 16세 때는 특히 어원론적 관점에서 호메로스에 나오는 그리스 숙어에 관한 논문을 발표하기도 했다. 1898년 7월 고등학교 졸업 시험을 통과하고 빈 대학에 입학해 철학과 심리학을 전공하면서 자연과학 수업과 의학 수업도 함께 들었다. 18세에 바이닝거는 이미 그리스어, 라틴어, 불어, 영어에 능통했고, 나중에 스페인어와 이탈리아어도 구사했다. 또한 아우구스트 스트린드베리와 헨리크 입센을 읽기 위해 스웨덴어와 노르웨이어도 배웠다. 바이닝거는 정신적으로 칸트 철학에 많은 영향을 받아 철학 학회에도 참석해서, 특히 바그너의 사위이자 극단적인 반유대주의자였던 휴스턴 스튜어트 체임벌린(바그너의 숭배자로 독일로 귀화함)의 강연도 들었다. 그러나 그의 뛰어난 재능에도 불구하고(바로 그 이유 때문에) 그는 사회에 적응하기 어려웠으며, 아웃사이더나 이단자로 여겨졌다.

1901년 초여름에 그는 나중에 박사 학위 논문의 초고가 된 〈에로스와 프시케. 생물학적-심리학적 연구(Eros und Psyche. Eine biologisch-psychologische Studie)〉를 빈 학술원에 제출한다. 바이닝거는 이 논문을 보충해 빈 대학의 요들 교수와 뮐러 교수에게 박사 학위 논문으로 제출해서 1902년 7월 21일 철학박사 학위를 받는다. 학위를 받자마자 그는 자부심에 차서 개신교로 개종한다. 이 개종은 자신의 유대 전통뿐만 아니라 빈의 가톨릭 전통마저 깨 버림으로써 빈 문화의 소속감을 정면으로 부정하는 것이었다.

1902년 여름에 바이닝거는 깊은 감명을 받았던 리하르트 바그너의 〈파르지팔〉을 보기 위해 바이로이트(Bayreuth)로 간다. 그는 바그너를 "예수 이후 가장 위대한 인물"이라고 생각했으며, 〈파르지팔〉을 보고 나서 "성교란 남성이 여성에게 억압된 상태에서 수행해야만 하는 관계"라고 부르면서 엄격한 금욕 생활을 추천한다. 드레스덴과 코펜하겐을 거쳐 오슬로 근교의 크리스티아니아로 간 그는 처음으로 입센의 구원극(救援劇) 〈페르 귄트〉를 관람한다. 그는 입센의 75회 생일을 축하하면서 장문의 글을 쓰는데, 입센의 유도 동기(Leitmotiv)에 매우 깊은 인상을 받았던 것이다.

바이닝거는 1902년 가을에 자신의 박사 학위 논문을 출판해 줄 출판사를 찾는다. 그의 박사 논문 지도교수인 프리드리히 요들은 그러나 사상적으로나 언어적으로 지나친 부분을 수정하지 않는 한 어느 출판사도 추천해 주려고 하지 않았다. 바이닝거는 지그문트 프로이트에게 원고를 주면서 그의 추천을 받아 프란츠 도이티케 출판사에서 출판할 수 있게 되기를 바랐다. 그러나 프로이트는 바이닝거에게서 큰 인상을 받기는 했지만("진지하고 잘생긴 얼굴에는 천재의 기운이 감돌았다"고 프로이트는 회고했다), 바이닝거의 원고를 강도 높게 비판했다. 프로이트는 이 책이 나중에 출판될 것을 고려해서 훨씬 신랄하게 비판했던 것이다.

바이닝거는 이 비판에 대단히 의기소침해졌다. 그가 "자아의 모든 악한 특성이 모인 집단(das Ensemble aller bösen Eigenschaften des Ich)"이라고 말했던 아주 위험한 '도플갱어'가 그를 심한 불안으로 몰아넣었던 것이다. 그는 처음으로 죽음을 생각했으나, 그의 친구인 아르투어 게르버(Artur Gerber)와의 긴 대화를 통해 일단 시간이 "성숙되지 않았다"고 판단했다.

아르투어 게르버는 나중에 다음과 같이 회상한다. "그의 외모는 낯설었다. 마른 얼굴은 뻣뻣한 인상을 주어서 고분고분함이나 고상함이라곤 전혀 없었다. 왼손잡이에다 어색한 동작은 급작스럽고 즉흥적이었다." 슈테판 츠바이크(Stefan Zweig)는 바이닝거와의 만남을 "눈에 띄지 않는 사람 옆을 스쳐 지나가는 느낌"이라고 했다. "그는 항상 30시간 동안 기차를 타고 온 것같이 지저분하고, 피곤하고, 옷이 구겨져 있었다. 마치 보이지 않는 벽을 피하려는 듯 어쩔 줄 몰라 하며 이상하게 주위를 빙빙 돌았다. 얇은 콧수염 밑의 입은 어쩐지 삐딱해서 말을 내뱉는 것이 힘든 것 같았다. 그의 눈은(나중에 친구들이 내게 말해 주었는데) 예뻤다고 한다. 하지만 난 한 번도 그의 눈을 본 적이 없다. 왜냐하면 그는 항상 사람을 힐긋 쳐다봤기 때문에, 내가 말할 때 그 눈이 한 번도 내 쪽을 향한 적이 없다는 느낌을 받았다. 나중에 가서 나는 이 모든 행동이 열등감에 자극을 받은 탓이라는 것을 알았다. 스스로에게 고통을 주는 러시아식 죄의식 때문이라고."(《베를리너 타게스블라트》, 1926년 10월 3일자)

몇 달 동안 집중 작업을 한 후인 1903년 6월에 《성과 성격－원칙적 연구(Geschlecht und Charakter－eine prinzipielle Untersuchung)》가 빈의 브라우뮐러 출판사에서 출판된다. 이 연구는 '남성과 여성의 관계'에 '새로운 빛'을 비추려는 것이었다. 이 책은 바이닝거의 박사 학위 논문에서 가장 결정적인 세 개의 장을 확장한 것으로, 그 안에 반유대주의 경향, 여성 혐오주의(Misogynie) 경향, 능숙하게 다루지 못한 형이상학이 거침없이 전개되었다. 〈여성의 본질과 그 우주적 의미(Das Wesen des Weibes und sein Sinn im Universum)〉, 〈유대주의(Judentum)〉, 〈여성과 인류(Das Weib und die Menschheit)〉가 바로 그것이다.

460쪽에 걸쳐 바이닝거는 자기 삶의 모든 것을 펼쳐 나갔다. 이 책은 '여성 혐오'에 대한 가설이었으며, 이 가설 때문에 유대인이 희생되었는데, 그의 눈에는 유대인들이 '여성성'에 완전히 젖어 있는 듯이 보였기 때문이다. 여성과 유대인에게서 바이닝거는 일종의 위협을 느꼈던 것이다. 즉 여성과 유대인에게는 오직 '섹슈얼리티(Sexualität)', '죄(Schuld)', 단지 '육체적이고 물질적인 면'만 있을 뿐, 정신도, 영혼이나 도덕도 없다고 보았던 것이다. 이 육체적인 것과 물질적인 것은 바이닝거의 마음 깊숙이 뚫고 들어와 괴롭혔다. 그가 생각하는 구원은 천재성밖에 없었고, 천재는 남성의 화신이었다. 그 최고의 형태를 바이닝거는 종교의 창시자에게서 보았던 것이다.

이 책은 거부 반응 없이 받아들여졌지만, 기대했던 것만큼 센세이션을 일으키지는 못했다. 라이프치히 대학 교수였으며 《여성의 생리학적 허약함(Über den physiologischen Schwachsinn des Weibes)》의 저자였던 파울 율리우스 뫼비우스는 바이닝거가 자기 책을 표절했다고 공격했다. 완전히 실망하고 회의에 차서 괴로워하던 바이닝거는 이탈리아로 여행을 떠났다.

그의 안에 있던 '악(das Böse)'과 은밀한 범죄의식에 대한 경구들이 이 시기에 쌓이게 되어, 처벌과 속죄에 대한 스스로의 요구는 강해져 갔다. 유고에 적힌 경구에 이런 구절이 있다. "분별 있는 인간은 자신이 최종적으로 악하게 되었을 땐 스스로 죽음을 택한다."

여행에서 돌아와서 바이닝거는 10월 3일까지 5일간 부모님 집에서 보낸다. 그는 아버지에게 닳아서 낡아 빠진 안경집을 드리며 작별 인사를 하고, '슈바르츠슈파니어슈트라세(Schwarzspanierstrasse)'에 있는 베토벤이 숨을 거둔 집에 방 하나를 얻었다. 그 집으로 10월 3일 저녁에 들어가 밤에 아버지와 동생 리하르트에게 보내는 편지를 썼다. 10월 4일 아침 그는 자기 방에서 심장에 총을 맞은 채 발견되었고, 오전 11시에 빈의 어느 종합병원에서 숨을 거둔다.

> 죽은 사람의 얼굴에는 선함이나 신성함이나 사랑의 약한 빛도 찾아볼 수 없었다. 고통도 보이지 않았다. 단지 살아 있는 사람의 얼굴에서는 도저히 볼 수 없는 표정밖에 없었다. 뭔가 무시무시함이, 끔찍함이 느껴지는 것이었다. 그것은 죽음의 무기를 그의 손에 건네주었던 것으로, 악에 대한 생각이었다. (아르투어 게르버, 《이 사람을 보라(Ecce Homo)》, 1922)

오토 바이닝거는 마츨라인스도르프에 있는 개신교 공

동묘지에 묻혔는데, 그곳에는 아버지 레오폴트 바이닝거가 그렇게도 싫어하던 묘비명이 오늘날까지 남아 있다.

> 이 묘비는 지상에서 한 번도 휴식을 찾지 못했던 어느 젊은 정신의 휴식터를 막고 있다. 그리고 그 젊은 이가 자기 자신과 자신의 영혼을 드러냈을 때는, 이미 살아 있는 사람들 사이에서 더 이상 고통스러워하지 않았다. 그는 빈의 슈바르츠슈파니어하우스에서 어느 가장 위대한 사람이 죽은 곳을 찾았고, 그곳에서 자신의 육신을 파괴했다.

1957년에 빈의 히칭(Hietzing) 지역에 '오토-바이닝거-가세'라는 골목길 이름이 생겼다.

## 옮긴이에 대해

임우영은 한국외국어대학교 독일어과를 졸업하고 독일 뮌스터대학에서 독문학 박사 학위를 취득했다. 현재 한국외국어대학교 독일어과 교수로 있으며, 한국괴테학회 회장, 한국외국어대학교에서 기획조정처장과 사이버 한국외국어대학교 학장을 역임했다. 저서로 《대학생을 위한 활용 독일어 1, 2》(공저), 《서양문학의 이해》(공저), 《세계문학의 기원》(공저) 등이 있다. 역서로는 《괴테 시선 1, 2》, 바켄로더와 티크의 《예술을 사랑하는 어느 수도사의 심정 토로》와 《예술에 관한 판타지》, 오토 바이닝거의 《성과 성격》, 뤼디거 자프란스키의 《괴테. 예술작품 같은 삶》(공역), 《괴테사전》(공저), 뤼디거 자프란스키의 《낭만주의》(공역), 라테군디스 슈톨체의 《번역이론 입문》(공역), 니콜라스 보른의 《이별연습》, 《민중본. 요한 파우스트 박사 이야기》, 《미학연습. 플라톤에서 에코까지. 미학적 생산, 질서, 수용》(공역), 《괴테의 사랑. 슈타인 부인에게 보낸 괴테의 편지》 등이 있다. 논문으로는 〈"1775년 가을에" 흐르는 괴테의 눈물. 사랑의 고통 속에서 솟아나는 활기〉(2016), 〈괴테의 결정적인 시기 1775. "릴리의 시"에 나타난 스물여섯 괴테의 고민〉(2015), 〈흔들리는 호수에 비춰 보는 자기 성찰. 괴테의 시 "취리히 호수 위에서"〉(2014), 〈괴테의 초기 예술론을 통해 본 '예술가의 시' 연구. "예술가의 아침 노래"를 중심으로〉(2013), 〈'자기변신'의 종말? : 괴테의 찬가 "마부 크로노스에게"〉(2011), 〈"불행한 사람"의 노래 : 괴테의 찬가 "겨울 하르츠 여행"(1777)〉(2008), 〈영상의 문자화. 하인리히 폰 클라이스트의 단편소설에 나타난 '겹상자 문장' 연구〉(2007), 〈괴테의 《로마 비가(Römische Elegien)》에 나타난 에로티시즘〉(2007), 〈괴테의 《빌헬름 마이스터의 편력 시대》에 나타난 '체념(Entsagung)'의 변증법〉(2004), 〈괴테의 초기 송가 "방랑자의 폭풍 노래" 연구. 시인의 영원한 모범 핀다르(Pindar).〉(2002), 〈괴테의 초기 시에 나타난 신화적 인물 연구〉(2001), 〈새로운 신화의 창조 - 에우리피데스, 라신느, 괴테 그리고 하우프트만의 《이피게니에》 드라마에 나타난 그리스의 '이피게니에 신화' 수용〉(1997) 등이 있다.

# 원서발췌 성과 성격

지은이 오토 바이닝거
옮긴이 임우영
펴낸이 박영률

초판 1쇄 펴낸날 2012년 3월 9일
개정1판 1쇄 펴낸날 2026년 1월 20일

지식을만드는지식
출판등록 제313-2007-000166호(2007년 8월 17일)
02880 서울시 성북구 성북로 5-11
전화 (02) 7474 001, 팩스 (02) 736 5047
commbooks@commbooks.com
commbooks.com





ISBN 979-11-430-1723-9 03160

책값은 뒤표지에 있습니다.